The Summer Collection
Uitgave: Scheepjes
Ontwerpen en patronen: Wendy van Delden
Fotografie: Hans Mossel en Kristel van Herpt
Styling: Wendy van Delden en Aletta Bron
Editing: Adelheid van Rossum
Grafische Vormgeving: Wendy de Boer

1e druk 2019
ISBN: 978 94 9184 0401

www.scheepjes.com

The Summer Collection

WENDY VAN DELDEN

WENDY'S HOME COLLECTION
crochet patterns

Ik wens je heel veel haakplezier!

Scheepjes
INSPIRATION IN EVERY BALL OF YARN

8

VOORWOORD

Na mijn eerste boek 'The Spring Collection' heb je hier het tweede boek uit de serie 'The Four Seasons' in handen. Deze keer het seizoen zomer! Een boek dat weer met heel veel liefde is gemaakt en het staat vol met patronen, inspiratie en nieuwe ideeën.

Ook deze keer stond 'Keep it Simple' weer boven aan mijn prioriteitenlijstje. Want na boek 1 heb ik gemerkt dat ik daar ECHT heel blij van word! Het haken voor iedereen toegankelijk maken. Patronen gebaseerd op simpele basissteken, maar met een groots resultaat.

Deze zomercollectie staat garant voor veel haakplezier.
20 haakpatronen: een romantisch truitje, een avondtrui, sjaals, dekens, kussens en natuurlijk weer manden.
Met recht een echte zomercollectie.

Ik ben heel benieuwd naar jouw zomercollectie.

Heel veel haakplezier!

Liefs, *Wendy*
xxx

INHOUD

Over dit boek

DE 'KEEP IT SIMPLE'-METHODE

Na boek 1, heeft de 'Keep it Simpe'-methode zich inmiddels ruim bewezen. Duizenden haaksters haken inmiddels deze patronen met prachtige resultaten. Als dit jouw eerste kennismaking is met deze methode hier nog even de uitleg.

HELDERE BASISPATRONEN

Alle steken zijn volledig uitgeschreven, waardoor je haakpatroon niet in een puzzel verandert, die je eerst moet gaan oplossen. Van ieder patroon is eveneens een diagram, zodat het ook voor de visueel ingestelde haakster goed te volgen is.

MIX & MATCH

Steeds weer een nieuw project maken met hetzelfde basispatroon. Ook in dit boek zie je veel dezelfde steken-combinaties terug, toch heeft ieder project een heel andere uitstraling. Het hoeft niet ingewikkeld te zijn om een mooi resultaat te bereiken. Stap eens uit je comfort-zone en ga anders kijken naar kleur, patroon en materiaal. De mogelijkheden met een en hetzelfde patroon zijn dan eindeloos.

Gebruik eens garens bij elkaar die je niet zo snel zou combineren. Dik en dun. Stoer en zacht. Het kan allemaal.

Door steeds weer nieuwe dingen uit te proberen, verleg je je grenzen en ga je met andere ogen kijken naar de kleuren en materialen om je heen. Zo zal je ontdekken dat de inspiratie voor weer een nieuw project vaak gewoon 'op straat' ligt.

HANDIG OM TE WETEN

- Ik heb er bewust voor gekozen om alle genoemde steken steeds helemaal te noemen. Zo verandert je patroon niet in een puzzel van afkortingen die je steeds eerst op moet gaan lossen... **keep it simple**.
- Ik adviseer je om voor kwaliteitsgaren te gaan. Ik ben groot fan van Scheepjes.
- De geadviseerde maat van de haaknaalden bij ieder patroon is een richtlijn. Afhankelijk van jouw hand van haken kun je die maat aanpassen.
- Lees altijd eerst het hele patroon door voor je een project start.
- Handig om altijd bij de hand te hebben: een grote stompe naald voor het afwerken van de draadjes.

ONLINE-TUTORIALS EN HAAKWORKSHOPS

Op mijn website **www.wendyshomecollection.com** staat een aantal filmpjes waarin ik dingen uit het boek voordoe. Verder kun je daar ook een online-haakworkshop boeken, die je thuis vanaf je eigen bank kunt volgen.

GEBRUIKTE STEKEN

MAGIC LOOP

KETTING VAN LOSSEN

HALVE VASTE

VASTE

HALF STOKJE

STOKJE

DUBBEL STOKJE

FRANS KNOOPJE

TAMBOEREERWERK
= ophaken van halve vasten op het haakwerk.

GEBRUIKTE STEKEN

De steken die je voor de werkstukken in dit boek nodig hebt, worden hier uitgelegd. Waarschijnlijk weet je ze wel, maar hoe maakte je ook alweer het dubbele stokje?

1

2

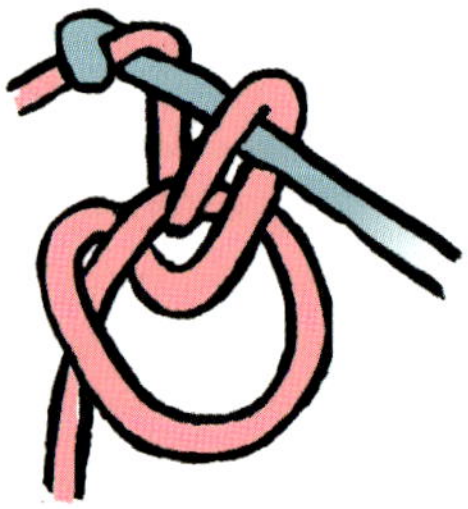

3

4

5

6

MAGIC LOOP

Ronde onderdelen beginnen bijna altijd met een magic loop.
Bij de magic loop haak je als het ware om een verschuifbare ring heen en nadat je de juiste hoeveelheid steken hebt gemaakt, trek je de ring aan.

1 Maak een lus om je vinger (bovenlangs) met het lange uiteinde van de draad, die aan de bol zit. Het korte einde van de draad, zit dus in je hand, naar je toe.

2 Haal met de naald de draad die naar de bol gaat van onder door de lus.

3 Sla dezelfde draad om de haaknaald en haal deze door de lus op de naald, hiermee zet je de lus vast.

4, 5 en 6
Nu kun je beginnen met het haken van vasten in de ring. Wanneer je het juiste aantal vasten hebt gehaakt, trek je aan het uiteinde van de draad tot je een dichte cirkel van vasten hebt. Je zal dus bijna geen gaatje meer zien.
De eerste steek die je maakte telt niet mee als vaste.

KETTING VAN LOSSEN

1 en 2
Begin met een opzetlus op je haaknaald.

3 Sla de draad om je naald en trek de draad door de lus.

4 Herhaal dit totdat je het benodigde aantal lossen achter elkaar hebt. Let op, de opzetlus telt niet mee in het totale aantal lossen.
Deze ketting wordt vaak gebruikt bij het maken van rechte of ovale delen.

Nu je het begin hebt kunnen we verder. De meest eenvoudige basissteken zijn de halve vaste en de vaste.

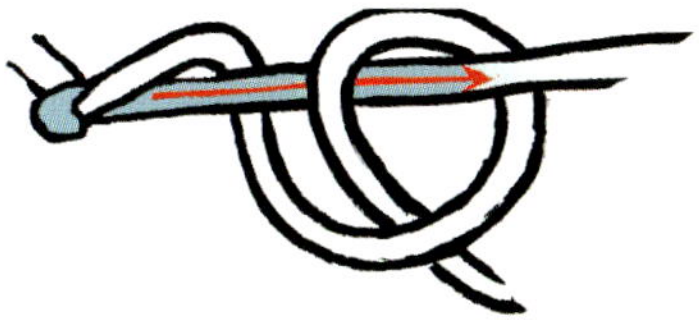

1

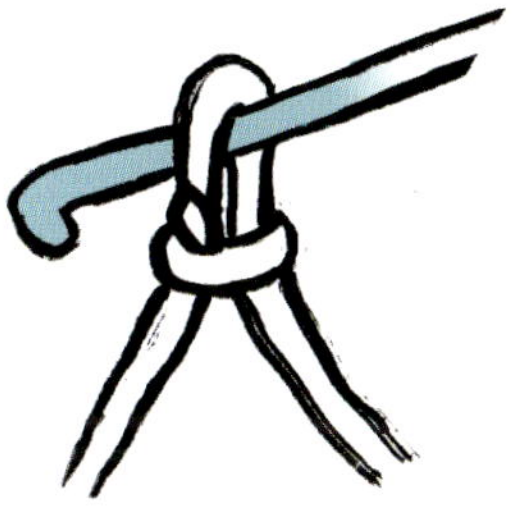

2

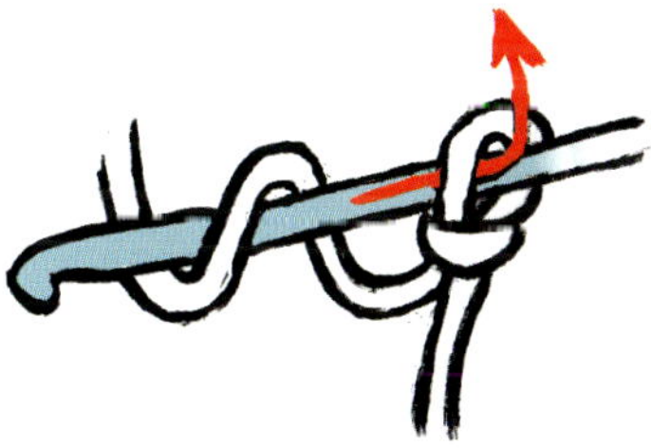

3

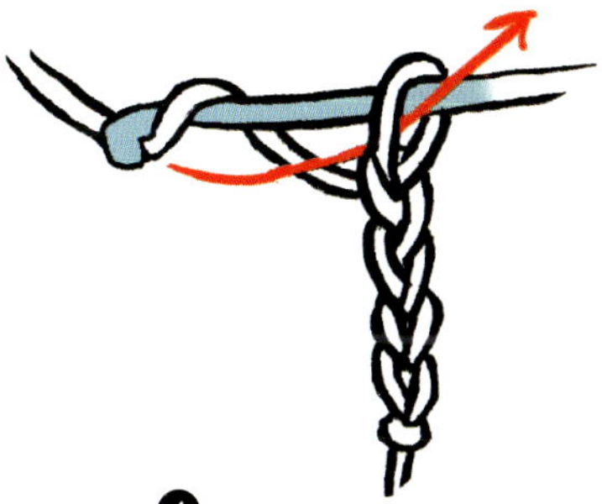

4

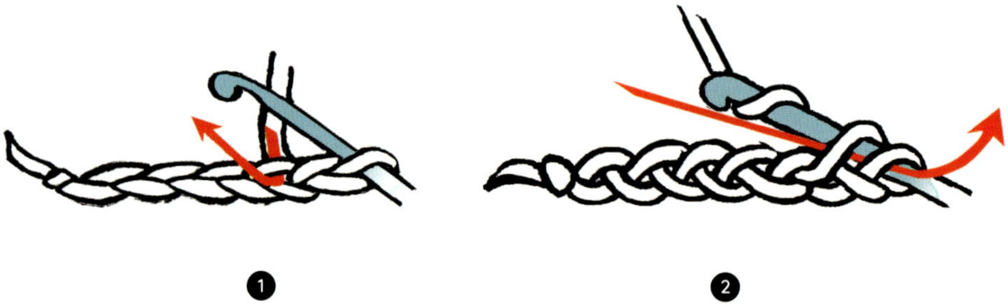

HALVE VASTE

1 Steek de naald in een steek en sla de draad om de naald.

2 Trek vervolgens de draad door de steek en meteen ook door de lus op de naald.

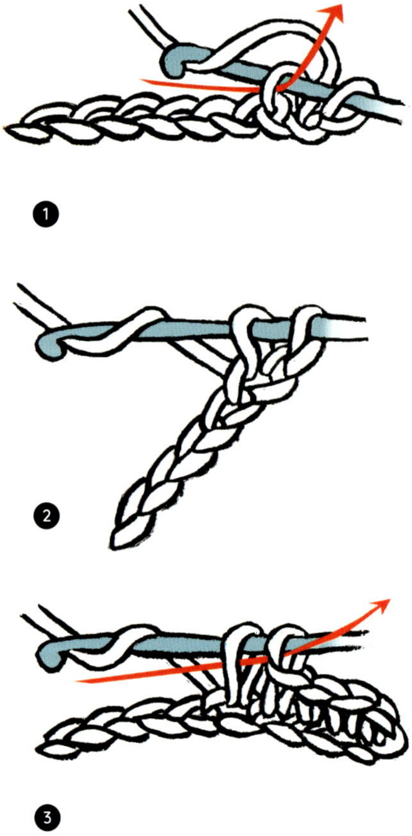

VASTE

1 Steek je naald in een losse van de ketting of in de magic loop (onder de 2 draden), vervolgens sla je de draad over je naald en trek je hem door de lus.

2 Sla de draad nogmaals om je naald en trek de draad door beide lussen. Dit is een vaste.

3 Hier zie je hoe je verder vasten haakt.

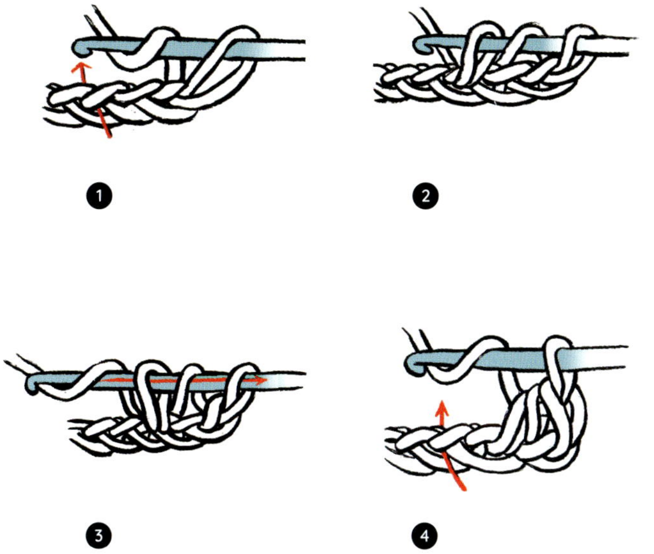

HALF STOKJE

1 Sla de draad om je naald en steek vervolgens je naald in een steek.
2 Sla de draad nogmaals over je naald en haal een lus op. Je hebt nu 3 lussen op je naald staan.
3 Sla de draad nogmaals om je naald. Trek je naald vervolgens door alle 3 de lussen.
4 Sla voor het volgende halve stokje de draad om je naald en steek in de volgende steek.

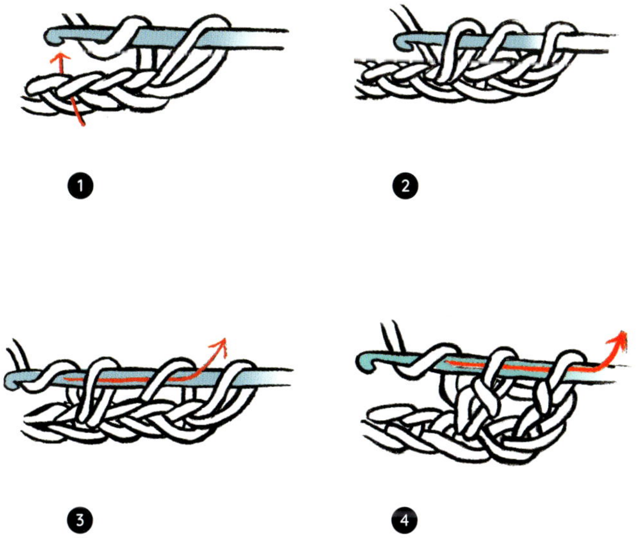

STOKJE

1 Sla de draad om je naald en steek vervolgens je naald in een steek.
2 Sla de draad nogmaals over je naald. Haal hem nu door de steek heen. Je hebt nu 3 lussen op je naald staan.
3 Sla de draad nogmaals om je naald en trek je naald vervolgens door 2 lussen.
4 Sla de draad om de naald en trek hem door de overgebleven 2 lussen.

DUBBEL STOKJE

1 Sla de draad 2 maal om je naald en steek vervolgens de naald in een steek.

2 Sla de draad nogmaals over de naald en haal een lus op. Je hebt nu 4 lussen op je naald staan. Sla de draad nogmaals om de naald en trek de naald vervolgens door 2 lussen. Je hebt nu 3 lussen op de naald staan.

3 Sla de draad om de naald en trek hem nogmaals door 2 lussen.

4 en 5

Sla de draad een laatste keer om de naald en trek hem door de overgebleven 2 lussen.

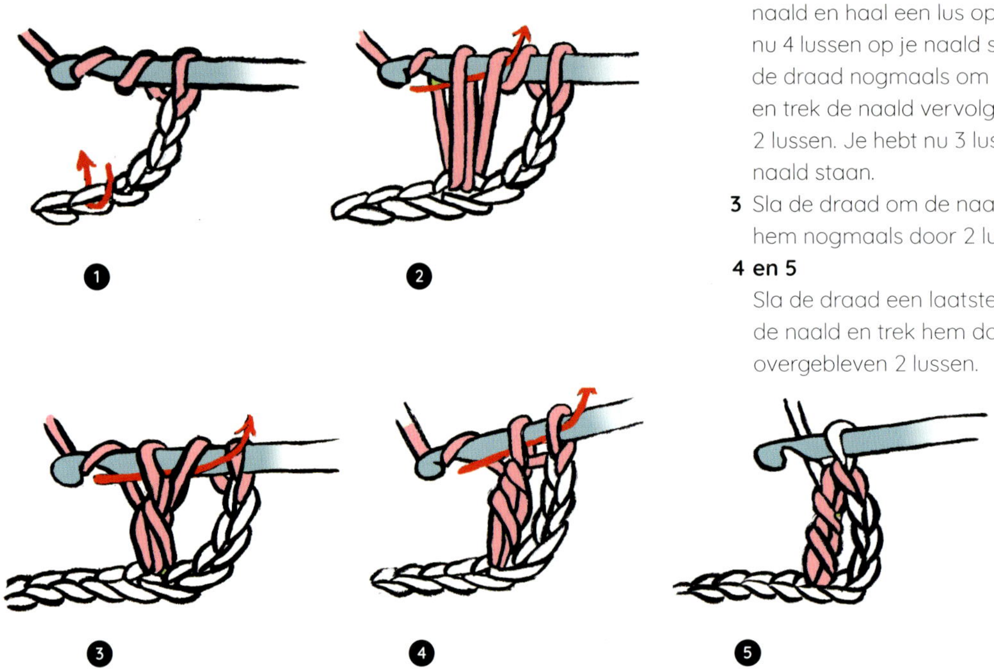

FRANS KNOOPJE

1 Trek de draad door het oog van de naald. Wikkel de draad 3x om de naald. Steek de naald in.

2 Maak van het opgewikkelde draad een mooi bolletje. Zet je nagel op het bolletje. En trek de draad erdoor. Doe dit heel rustig, zodat het bolletje mooi op je werk blijft liggen.

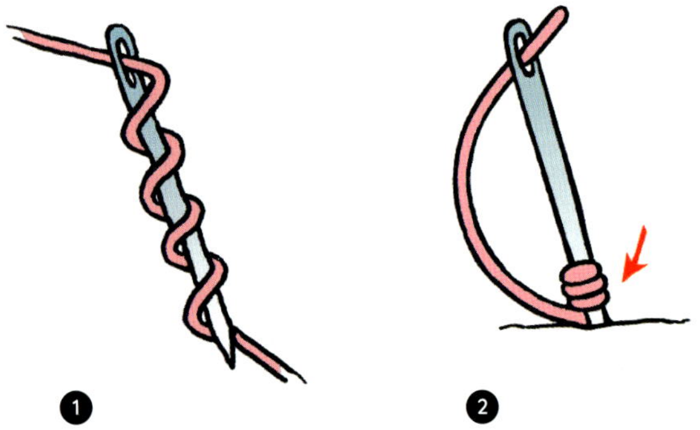

RANDJES EN KANTJES

SCHULPRANDEN

Ik haak mijn schulprandjes altijd op een basis-onderrand van 2 of 3 lossen en 1 vaste. Het geeft een mooier effect aan je werk. Daarom is de onderrand in de diagrammen ook altijd getekend. Als er staat beschreven 'schulprand direct op haakwerk', laat dan deze onderrand weg en maak de schulpjes direct op het haakwerk.

Werkwijze schulprand direct op haakwerk

Haak direct op het haakwerk: 1 vaste, *2 steken overslaan, 5 stokjes in 1 steek, 2 steken overslaan, 1 vaste, herhaal vanaf *. Afhechten.

KLEINE SCHULPRAND

Basis-onderrand: *1 vaste, 2 lossen, 2 steken overslaan, herhaal vanaf * tot einde toer, eindig met 1 vaste, of 1 halve vaste bij een rond haakwerk.

Kleine schulp: 1 vaste in onderliggende ruimte van 2 lossen, *5 stokjes in volgende ruimte van 2 lossen, 1 vaste in volgende ruimte van 2 lossen, herhaal vanaf * tot einde toer. Afhechten. Zie diagram.

GROTE SCHULPRAND

Basis-onderrand zoals bij kleine schulprand, maar haak 3 lossen in plaats van 2 lossen.

Grote schulp: 1 vaste in onderliggende ruimte van 3 lossen, 7 stokjes in volgende ruimte, 1 vaste in volgende ruimte, herhaal vanaf * tot einde toer, eindig met 1 vaste, of 1 halve vaste bij een rond haakwerk. Afhechten. Zie diagram.

PICOTRANDJE

Met een picotrandje kun je alles versieren, ik bedacht mijn eigen variatie.

Haak om het werk dat je wilt versieren: *3 vasten, 3 lossen en zet deze met 1 halve vaste weer vast in de laatste vaste, herhaal vanaf * tot einde toer. Afhechten. Zie diagram.

Diagram kleine schulprand

Diagram grote schulprand

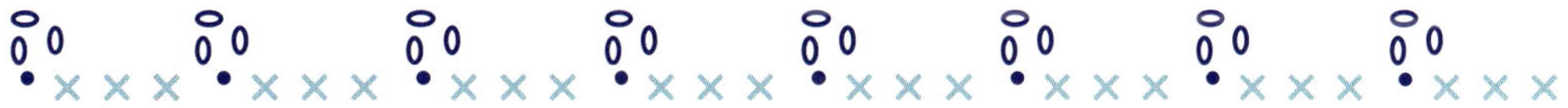

Diagram picotrandje

TAMBOEREERWERK

Tamboereerwerk is een fijne methode om je haakwerk een uniek en persoonlijk uiterlijk te geven. De naam tamboereerwerk komt uit de borduurwereld, waarmee de kettingsteek op het werk wordt gehaakt als versiering.
Bij het haken worden hiermee aaneengesloten halve vasten op de ondergrond gehaakt. Deze geven dan dezelfde look als de kettingsteek op het borduurwerk.

Hoe ga je te werk?

Je houdt de draad aan de achterkant van het werk en deze trek je met de haaknaald naar boven. Je hebt dan je eerste lus boven. Steek weer in de volgende steek en haal van onderen je draad weer naar boven, deze haal je door de (eerste) lus op je haaknaald heen.
Op deze manier haak je een ketting van halve vasten op je haakwerk.

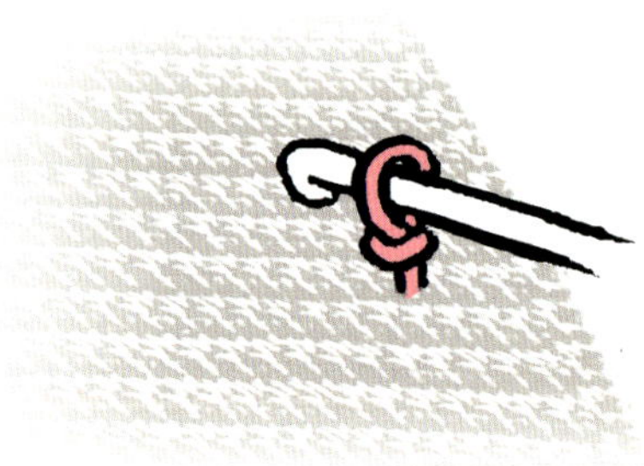

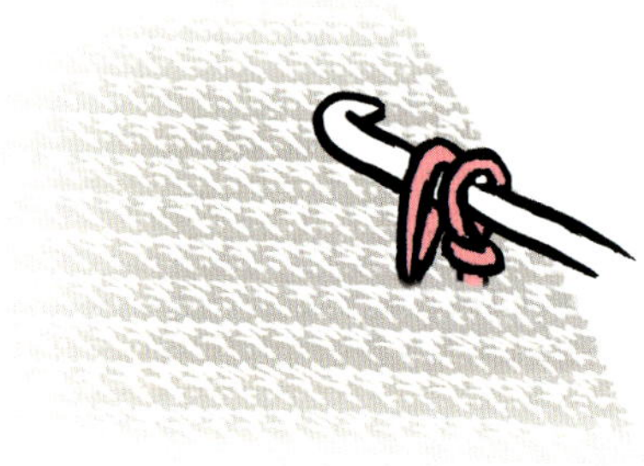

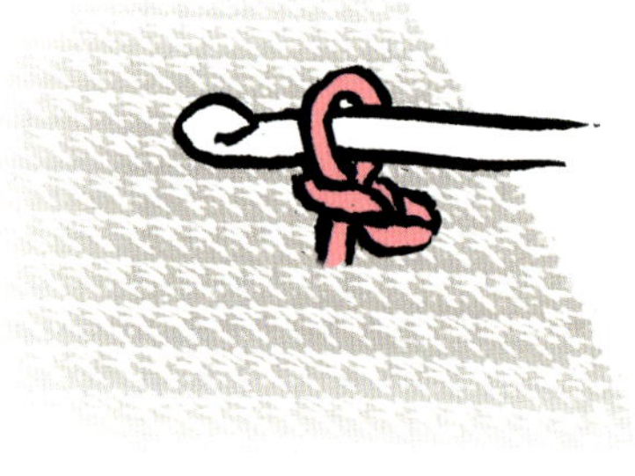

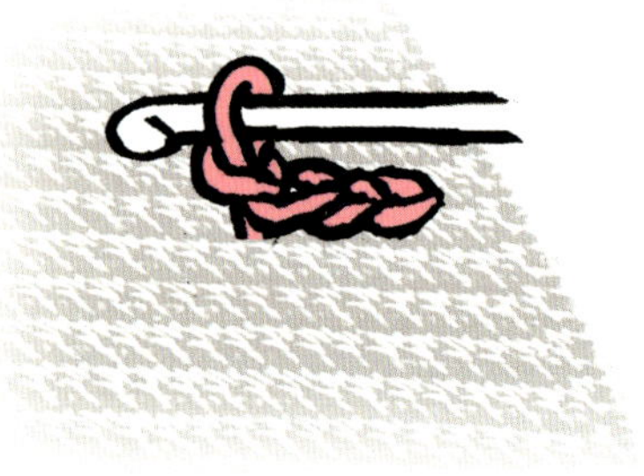

Romantisch
KANTTRUITJE

Een heerlijk luchtig truitje voor de warme zomerdag.
Makkelijk aan te passen aan je eigen maat. De uitstraling van fijn garen en kant maakt mij altijd blij. Een truitje om eindeloos mee te variëren.

WAT HEB JE NODIG?

- **3 bollen Scheepjes Whirlette** per truitje. Ik gebruikte de kleuren:
  856 Mint
  862 Grapefruit
  866 Bubble
  868 Bilberry
- **Haaknaald: 4** voor het opzetten en **3,5** voor het haken
- **Stompe naald** voor het afwerken van de draadjes

MAAT VAN HET VOOR- EN ACHTERPAND: 59 cm breed en 75 cm lang. Dit is de gemiddelde maat M. De maat is makkelijk aan te passen door te meerderen of te minderen met steeds 3 steken.

MAAT OPMETEN: meet de omtrek van de heupen in centimeters en deel deze maat door 2. Dit is dan de breedte van je voor- en achterpand.

AANTAL STEKEN: deelbaar door 3 + 2

VOORPAND

Opzetten: haak met haaknaald 4 een ketting van 116 lossen.

TOER 1 - ga verder met haaknaald 3,5 en haak nog 2 keerlossen. Samen met de laatste steek van de lossenketting is dit het eerste stokje van de toer. Steek in de 4e steek vanaf de haaknaald in de lossenketting en haak een toer stokjes. Aan het einde van deze toer heb je dan 116 stokjes.

TOER 2 - 3 keerlossen, 1 stokje boven op het 3e stokje van de vorige toer, 2 lossen en 1 stokje in dezelfde steek, *2 steken overslaan en 1 stokje in de volgende steek, 2 lossen en 1 stokje in dezelfde steek, herhaal vanaf * tot einde toer. Eindig met 1 stokje in de 2e keerlosse van de vorige toer. Kijk hierbij ook goed naar diagram 1.

TOER 3 - 3 keerlossen, 3 stokjes in de open ruimtes van de vorige toer. Eindig met 1 stokje op de 3e keerlosse van de vorige toer.

TOER 4 - 3 keerlossen, 1 stokje op het 1e stokje van de cluster van 3 stokjes van de vorige toer, 1 stokje op elk volgend stokje. Het laatste stokje haak je weer op de 3e keerlosse van de vorige toer. Je hebt nu weer 116 stokjes.

Herhaal de toeren 2 t/m 4 (of haak verder volgens diagram 1) tot een totale hoogte van (ongeveer) 75 cm. Belangrijk hierbij is dat je eindigt met een toer stokjes, dus een toer 4.

HALS EN SCHOUDERS

Als je de gewenste hoogte voor het voorpand hebt bereikt, gaan we verder met de hals en schouders. Hiervoor neem je aan beide kanten 40 steken. Je begint zo nodig met een nieuwe draad. Haak vervolgens nog 3x afwisselend 1 toer vasten en 1 toer stokjes, eindig met 2 toeren vasten. Hecht af. Kijk ook naar de overzichtstekening en diagram 32 (schouder).

Het voorpand is klaar. Haak het achterpand op dezelfde manier.

AFWERKING

Haak het truitje met vasten in elkaar.
Leg hiervoor de goede kanten op elkaar.
Sluit als eerste de schouders. Pas vervolgens het truitje en geef aan hoe groot je de armsgaten wilt hebben. Sluit vervolgens de zijnaden met vasten.

Hals: je haakt rondom de hele hals een toer vasten.

Mouwen en onderkant: je kunt de armsgaten en de onderkant van het truitje naar eigen smaak afwerken met een schulprandje of een picotrandje. Kijk voor de uitleg op pagina 17.

Werk alle draadjes met de stompe naald weg.

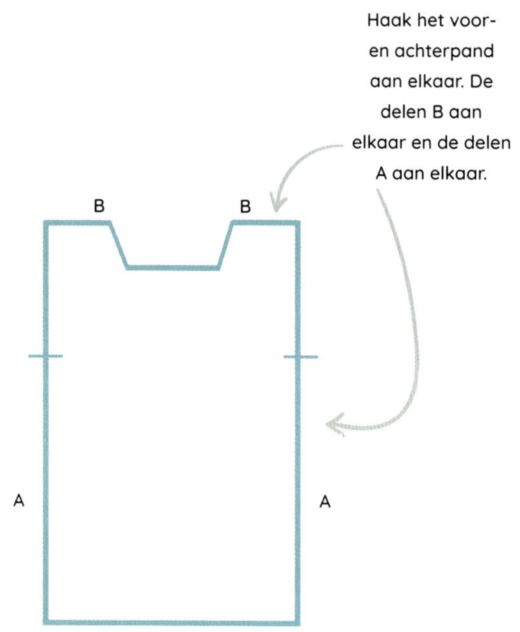

Overzichtstekening romantisch kanttruitje

TIP

Zet de panden van het truitje al hakend op. Hierdoor gaat het truitje aan de onderkant niet trekken. Als je hakend opzet, doe dit dan direct met haaknaald 3,5 en 116 stokjes. Ga daarna verder met toer 2. Op mijn website www.wendyshomecollection.com staat een tutorial (filmpje) waarin hakend opzetten wordt uitgelegd.

If you can dream it... you can do it!

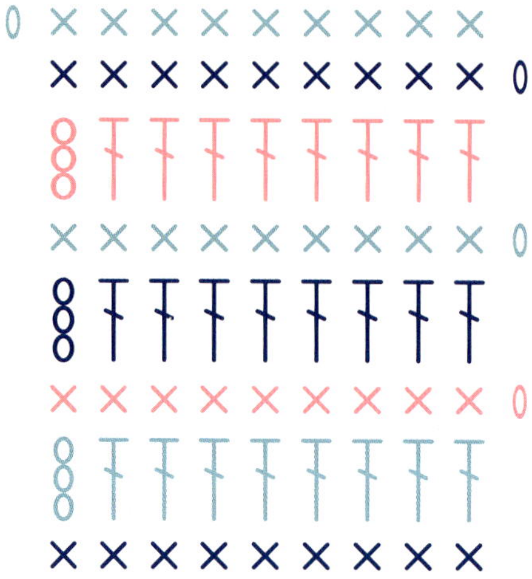

Diagram 32 schouder romantisch kanttruitje

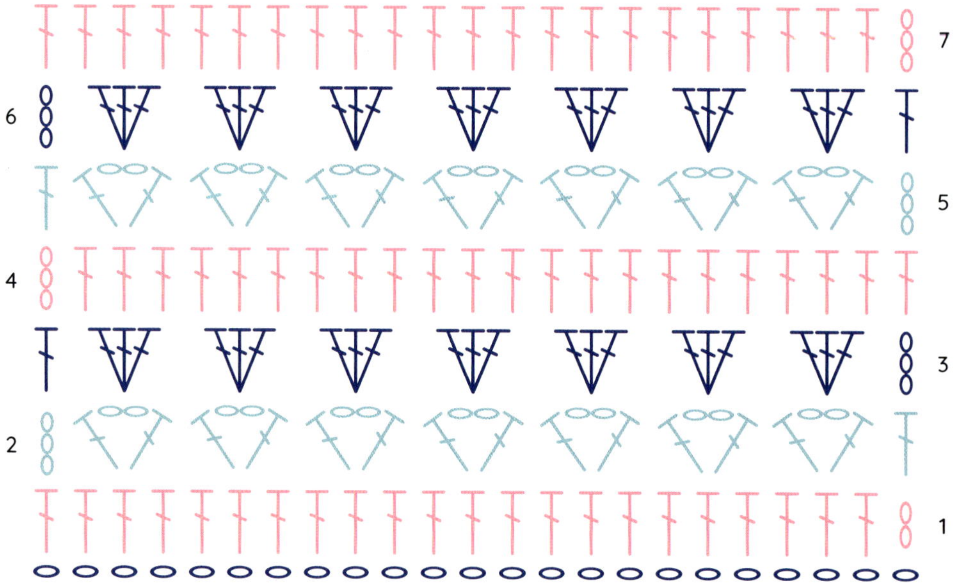

Diagram 1 romantisch kanttruitje

Wendy's
Home Collection

Handige HAAKMAND

Mandjes... je kunt er niet genoeg van hebben.
Na een boodschappenmand moest er natuurlijk ook een echte haakmand komen. Klein maar fijn, heerlijk om naast je neer te zetten op de bank met al je haakspullen binnen handbereik.

WAT HEB JE NODIG?

- **Scheepjes Stone Washed XL:**
  3 bollen kleur 853 Amazonite
  2 bollen kleur 860 Rose Quartz
  1 bol kleur 876 Tourmaline
  1 bol kleur 859 New Jade
- **1 bol Scheepjes Stone Washed** in elk van de volgende kleuren:
  820 Rose Quartz
  836 Tourmaline
- **Haaknaald: 5** voor het opzetten, **4,5** voor het haken en **3,5** voor de afwerkrandjes en de roesjesbloem
- **Rieten minimandje** (online te koop bij Wendy's Home Collection)
- **Leren label**
- **Houten knoop**

Verder voor het in elkaar zetten van de mand:

- **8 knijpers**
- **8 steekmarkeerders**
- **Stompe naald** voor het afwerken van de draadjes

WERKWIJZE

Opzetten: haak met haaknaald 5 en kleur 853 een ketting van lossen. De lengte van de ketting bepaal je door deze te meten aan de bovenrand van je mand.

Binnenvoering mand: ga verder met haaknaald 4,5 en haak nog 2 keerlossen. Haak 1 vaste in de 3e losse vanaf de haaknaald, 1 vaste in elke volgende losse. Haak elke volgende toer vasten tot een rechte lap.
Meet de hoogte van de mand aan de binnenkant. Haak de lap zo hoog als het gemeten aantal centimeters.
Zet de zijkanten van deze lap aan elkaar met de ik-en-jij-steek (een filmpje hiervan staat op de website: www.wendyshomecollection.com/tutorials).

Zakjes in de mand: haak met haaknaald 4,5 en kleur 860 eenzelfde rechte lap als de binnenvoering, maar dan half zo hoog. Met deze lap worden de zakjes gemaakt. Werk de bovenkant van de lap af met een kleine schulprand met kleur 836. Kijk voor de uitleg op pagina 17.
Zet ook deze lap met de zijkanten aan elkaar met de ik-en-jij-steek. Vervolgens zet je deze vast op de binnenvoering met de tamboereersteek

met kleur 836. Je kunt daarbij zelf de grootte van de zakjes bepalen, kijk ook naar de overzichtstekening.
Hang vervolgens de binnenvoering in de mand en zet deze aan de bovenkant met knijpers vast. Geef met steekmarkeerders de buitenkanten van de handvatten aan. Je kunt de binnenvoering nu weer uit de mand halen.

Buitenkant mand: haak met vasten de lapjes voor de buitenkant van de mand tussen de steekmarkeerders. Je haakt dus 4 aparte lapjes aan de binnenvoering, die hierna de buitenkant van de mand vormen. Je begint dus ook 4 keer met een nieuwe draad. Haak iedere toer met een andere kleur. Haak door tot halverwege de hoogte van de mand.
Volgorde van de kleuren: 853 - 860 - 876 - 859 - 853 - 876 - 860 - 859 - 853 - 876 - 859 - 860.

AFWERKING

Werk alle draadjes met de stompe naald weg.

Randjes: haak met haaknaald 3,5 en kleur 820 een kleine schulprand aan de onderkant van alle buitenlapjes en haak picotrandjes aan de zijkanten van de lapjes. Kijk voor de uitleg op pagina 17.

Strikjes: haak met haaknaald 3,5 en kleur 836 4 kettingen van lossen van 30 cm. Dit zijn de strikjes waarmee je de losse buitenflapjes vaststrikt.

Hang de voering in de mand; sla de kleinste lapjes tussen de handvatten door en de grote lappen over de zijkanten van de mand.
Haal de strikjes erdoorheen (zie foto).

Werk de mand verder af met een leren label en de bloemenhanger.

Je kunt de binnenvoering van de mand eventueel vastnaaien aan de mand door met hetzelfde garen van de binnenvoering te rijgen door het haakwerk en de mand.

* Dit is 1 lapje zoals in de beschrijving staat omdat de binnenvoering bij het haken van de buitenflapjes al in elkaar is gezet, alleen voor de overzichtstekening staan ze nu los van elkaar.

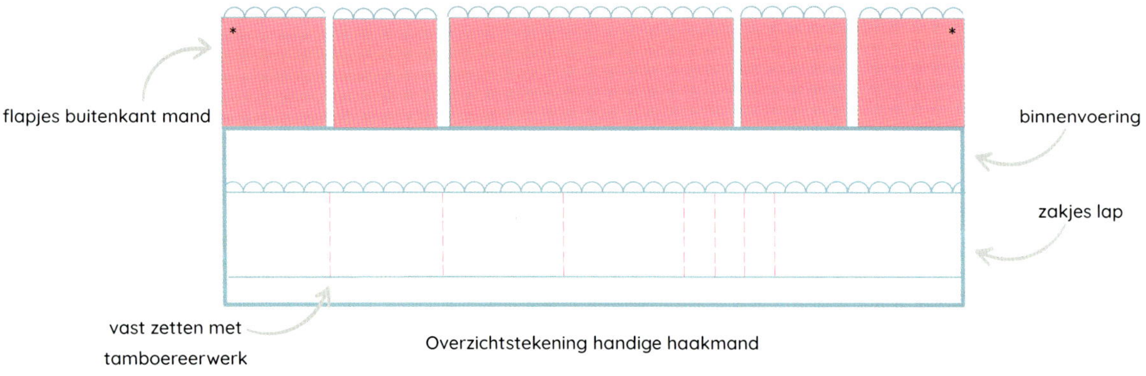

Overzichtstekening handige haakmand

Scheepjes
Catona
Catona

Wendy's
Home Collection

Vrolijke BLOEMENHANGER

Alles wordt vrolijker met een bloemenhanger!

WAT HEB JE NODIG?

- Restjes Scheepjes Stone Washed:
  819 New Jade
  836 Tourmaline
- Haaknaald 3,5
- Houten knoopjes

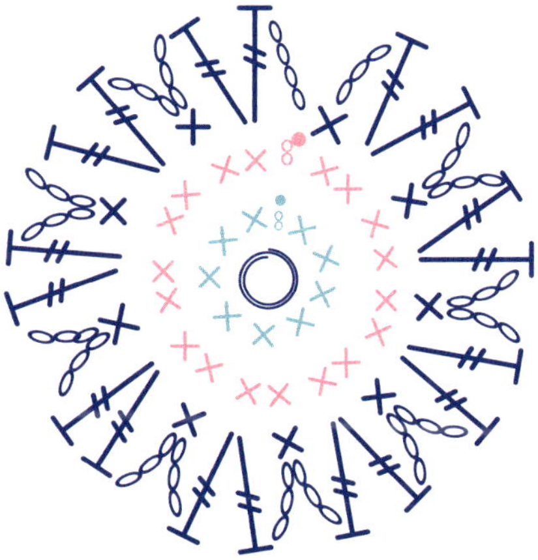

Diagram 2 roesjesbloem

ROESJESBLOEM

Begin: maak een Magic Loop met kleur 819.

TOER 1 - haak met haaknaald 3,5 2 lossen en vervolgens 9 vasten in de Magic Loop. Trek de Magic Loop aan en sluit de toer met 1 halve vaste in de 1e steek.

TOER 2 - 2 lossen, 2 vasten in iedere vaste, sluit de toer met 1 halve vaste in de 1e steek.

TOER 3 - wissel naar kleur 836, 4 lossen, *2 dubbele stokjes in de volgende steek, 3 lossen, 1 vaste in de volgende steek, *3 lossen, 2 dubbele stokjes in de volgende steek, 3 lossen, 1 vaste in de volgende steek, herhaal vanaf * tot einde toer. Zo maak je 9 blaadjes aan de bloem. Kijk ook naar diagram 2.

Haak vervolgens nog een sierrand met de tamboereersteek in het hart van de bloem met een afstekende kleur. Naai er een houten knoopje op. Haak met kleur 853 nog een ketting van lossen van 12 cm. Hecht af. Knoop de uiteinden samen en naai dit vast aan de achterkant van de bloem. Naai de grote houten knoop aan de binnenkant van de mand en hang je bloem met de lus hieroverheen.

Zomerdroom
OMSLAGDOEK

Een droom van een omslagdoek, mooi passend bij het romantische truitje, op een zomers jurkje of een chique avondjurk. In uni of gemêleerd, met of zonder rand. Mogelijkheden genoeg.

WAT HEB JE NODIG?

- **1 bol Scheepjes Whirl naar keuze** (op de foto: kleur 767 Melting Macaron = roze, of kleur 755 Bleuberry Bambam = blauw) OF
- **3 bollen Scheepjes Whirlette**, hiermee kun je een grotere omslagdoek maken want er zitten meer meters op een bol dan bij Whirl

VERDER VOOR BEIDE OMSLAGDOEKEN:

- **Haaknaald: 3,5**
- **Stompe naald** voor het afwerken van de draadjes

AANTAL STEKEN: deelbaar door 3 + 2

MAAT: 38x175 cm (uiteraard afhankelijk van jouw hand van haken)

TIP

Op mijn website staat een filmpje waarin hakend opzetten word uitgelegd. wendyshomecollection.com/tutorials/

WERKWIJZE

Deze omslagdoek dien je hakend op te zetten voor het mooiste resultaat. Door het fijne garen gaat de omslagdoek anders snel strak trekken aan de onderkant.

TOER 1 - zet met haaknaald 3,5 al hakend 353 stokjes op.

TOER 2 - 3 keerlossen, 1 stokje boven op het 3e stokje van de vorige toer, 2 lossen en 1 stokje in dezelfde steek, *2 steken overslaan en 1 stokje in de 3e steek, 2 lossen en 1 stokje in dezelfde steek, herhaal vanaf * en eindig met 1 stokje in de 3e keerlosse van de vorige toer. Kijk hierbij ook goed naar diagram 9.

TOER 3 - 3 keerlossen, 3 stokjes in de open ruimtes van de vorige toer. Eindig met 1 stokje op de 3e keerlosse van de vorige toer.

TOER 4 - 3 keerlossen en 1 stokje in dezelfde 1e steek, 2 lossen, 1 stokje tussen de groepjes van 3 stokjes van de vorige toer, *2 lossen, 1 stokje tussen de 2 volgende groepjes van 3 stokjes, herhaal vanaf * en eindig met 2 lossen, 1 stokje tussen het laatste groepje van 3 stokjes en de 3 keerlossen van de vorige toer en 1 stokje de 3e keerlosse van de vorige toer.

Diagram 9 zomerdroom omslagdoek

Als je de zomerdroom omslagdoek in een uni kleur maakt, kun je deze ook mooi afwerken met een schulp- of picotrandje.

TOER 5 - 3 keerlossen, haak vervolgens steeds 3 stokjes in de open ruimtes van de vorige toer, eindig met 1 stokje op de 3e keerlosse van de vorige toer.

Herhaal toer 2 /m 5 volgens diagram 9 tot je bol op is. Belangrijk is hierbij dat je eindigt met een toer stokjes.

Als je met 3 bollen Whirlette haakt, hou dan nog garen over voor de randafwerking.

AFWERKING

Je kunt naar eigen wens de omslagdoek afwerken met een schulprand of met een picotrandje, kijk voor de uitleg op pagina 17.

Werk alle draadjes met de stompe naald weg.

Luchtige
ZOMERDEKEN

Een zomerdeken om eindeloos door te haken. Mooi van simpelheid, precies waar ik zo van hou. Ga los met kleuren of maak hem gewoon in 1 kleur!

WAT HEB JE NODIG?

ZOMERDEKEN ZOET

- **2 bollen Scheepjes Colour Crafter** in elk van de volgende kleuren:
  1026 Lelystad
  1034 Urk
  1130 Sittard
  1241 Den Bosch
  1316 Almelo

ZOMERDEKEN ZAND

- **2 bollen Scheepjes Colour Crafter** in elk van de volgende kleuren:
  1034 Urk,
  1130 Sittard
  1218 Zandvoort
  1316 Almelo (omdat deze deken uit 4 kleuren bestaat zal hij iets kleiner uitvallen dan de Zomerdeken Zoet)

VERDER VOOR BEIDE DEKENS:

- **Haaknaald: 4,5** voor het opzetten en **4** voor het haken
- **Stompe naald** voor het afwerken van de draadjes

MAAT: 130x170 cm, exclusief rand
De maat is bij benadering, omdat ieders hand van haken anders is en dus iedere deken bij dit aantal steken anders zal uitvallen.
De maat is gemakkelijk zelf aan te passen door te meerderen of te minderen met steeds 3 steken.

AANTAL STEKEN. deelbaar door 3

WERKWIJZE

Opzetten: haak met haaknaald 4,5 een ketting van 210 lossen.

TOER 1 - ga verder met haaknaald 4 en haak nog 2 keerlossen. Samen met de laatste steek van de lossenketting is dit het 1e stokje van de toer. Haak 1 stokje in de 4e losse vanaf de haaknaald, 1 stokje, *1 losse, 1 steek overslaan, 3 stokjes. Herhaal vanaf * tot einde toer. Kijk ook naar diagram 6.

TOER 2 - 3 keerlossen, *1 losse, 1 steek overslaan, 3 stokjes, haak hiervan het 1e stokje in het 3e stokje van de onderliggende 3 stokjes. Herhaal vanaf * en eindig met 1 losse, 1 steek overslaan, 1 stokje in de 3e keerlosse van de vorige toer.

TOER 3 - 3 keerlossen, 2 stokjes, *1 losse, 1 steek overslaan, 3 stokjes, herhaal vanaf * tot einde toer.

Blijf de gehele deken toer 2 en 3 herhalen tot je de lengte van 170 cm of de door jou gewenste hoogte hebt bereikt.

Iedere 3 toeren = 1 kleur (zie foto's)

Volgorde van de kleuren voor de **Zomerdeken Zoet**
1: 3 toeren met 1034 Urk (aqua)
2: 3 toeren met 1130 Sittard (roze)
3: 3 toeren met 1316 Almelo (groen)
4: 3 toeren met 1026 Lelystad (oranje)
5: 3 toeren met 1241 Den Bosch (fuchsia)
Herhaal vanaf 1.

Volgorde van de kleuren voor de **Zomerdeken Zand**
1: 3 toeren met 1218 Zandvoort (zand)
2: 3 toeren met 1034 Urk (aqua)
3: 3 toeren met 1316 Almelo (groen)
4: 3 toeren met 1130 Sittard (roze)
Herhaal vanaf 1.

AFWERKING

Werk alle draadjes met de stompe naald weg. Haak vervolgens de rand rondom **Zomerdeken Zoet** als volgt. Kijk ook naar diagram 7. De uitleg van het picotrandje staat op pagina 17.

TOER 1 - hecht aan met kleur 1130 en haak met haaknaald 4: *2 halve stokjes, 1 losse, 1 of 2 steken overslaan, herhaal vanaf * tot einde toer, eindig met 1 halve vaste in de 1e steek. Haak op de hoeken 3 lossen. Kijk ook naar diagram 7.

TOER 2 - wissel naar kleur 1316 en haak in iedere open ruimte van de vorige toer 2 stokjes tot einde toer. Haak op de hoeken: 2 stokjes, 2 lossen 2 stokjes. Sluit de toer met 1 halve vaste in de 1e steek.

TOER 3 - wissel naar kleur 1034 en haak: *2 halve stokjes tussen de groepjes van 2 stokjes, 1 losse, herhaal vanaf * tot einde toer. Haak op de hoeken: 2 halve stokjes, 2 lossen en 2 halve stokjes. Sluit de toer met 1 halve vaste in de 1e steek.

TOER 4 - wissel naar kleur 1241 en haak: *1 vaste op elk stokje, 1 vaste in de open ruimte, 3 lossen en 1 halve vaste in de laatste vaste, herhaal vanaf * tot einde toer. Sluit de toer met 1 halve vaste in de 1e steek.

Haak vervolgens de rand rondom **Zomerdeken Zand** als volgt. Kijk ook naar diagram 8.

TOER 1 - hecht aan met kleur 1218 en haak met haaknaald 4: *1 vaste, 3 lossen, 3 steken overslaan, herhaal vanaf * tot einde toer. Haak op de hoeken 2 lossen in plaats van 3 lossen. Sluit de toer met 1 halve vaste in de 1e steek. Kijk ook naar diagram 8.

TOER 2 - haak in iedere open ruimte 3 stokjes tot einde toer. Haak op de hoeken: 3 stokjes, 2 lossen en 3 stokjes. Sluit de toer met 1 halve vaste in de 1e steek.

TOER 3 - wissel naar kleur 1130 en haak: *3 vasten, 3 lossen en 1 halve vaste in de laatste vaste, herhaal vanaf * tot einde toer. Haak op de hoeken een extra vaste om de losse van de vorige toer. Sluit de toer met 1 halve vaste in de 1e steek.

Werk alle draadjes met de stompe naald weg.

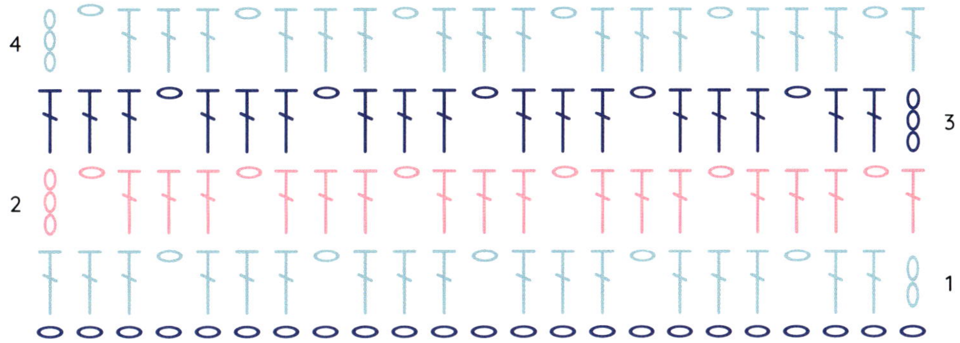

Diagram 6 luchtige zomerdeken

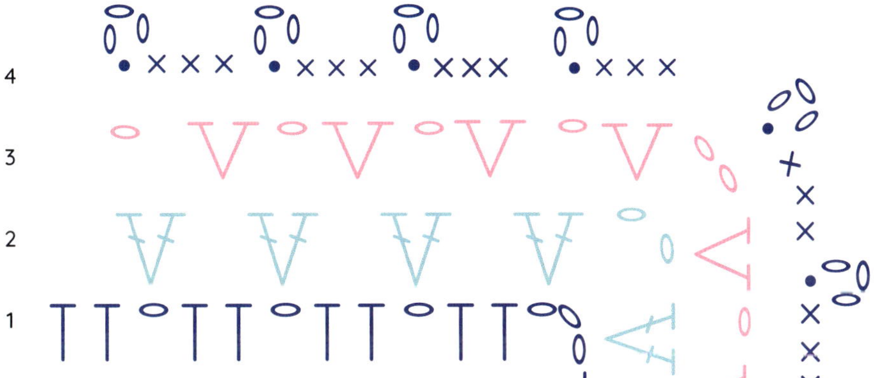

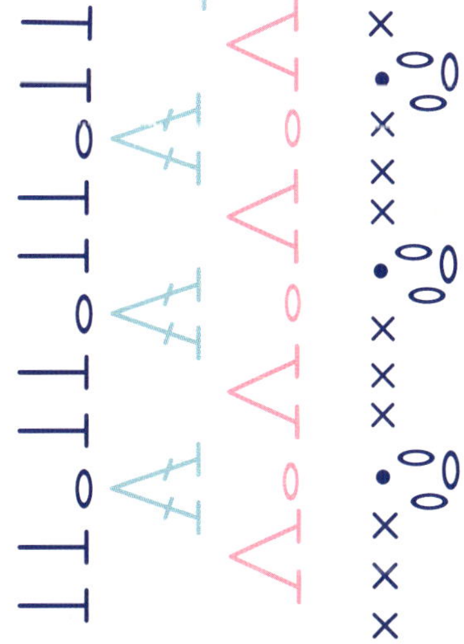

Diagram 7 rand zomerdeken zoet

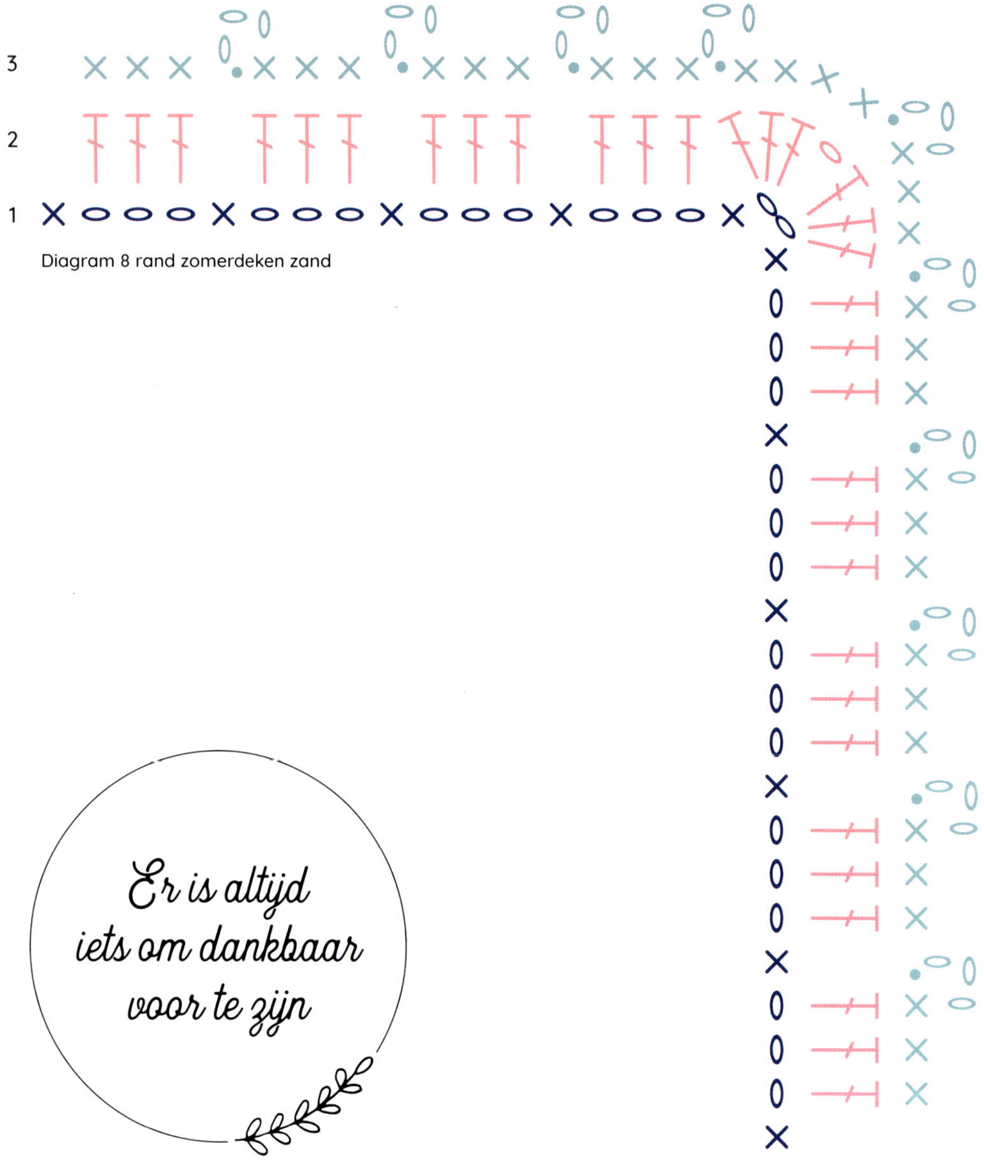

Diagram 8 rand zomerdeken zand

Er is altijd iets om dankbaar voor te zijn

Warme AVONDTRUI

Hoe heerlijk de zomer ook is, de avonden kunnen koel zijn.
Fijn om dan deze zachte trui bij de hand te hebben. Luchtig door zijn steken en warm door het garen.

WAT HEB JE NODIG?

- **6 bollen Scheepjes Eliza** voor maat M/L in de kleur **228 Satin Bow**
- **Haaknaald: 5** en **4,5**
- **Stekenmarkeerders**
- **Stompe naald** voor het afwerken van de draadjes

MAAT: in iedere maat zelf aan te passen

AANTAL STEKEN: deelbaar door 2 + 1.

Deze trui bestaat uit 2 lange panden die naast elkaar het voor- en achterpand vormen, kijk ook naar de overzichtstekening.

JE MAAT OPMETEN

Breedte: meet de omtrek van je heupen op het breedste gedeelte. Deel deze maat door 4. De uitkomst is de maat voor 1 pand dat je 2x haakt.

Voorbeeld: heupomtrek is 108 cm.
Deel door 4 = 27 cm. Je gaat dan 2 lange panden haken van 27 cm hoog.

Lengte: meet de gewenste lengte van je trui en verdubbel deze afmeting. In het voorbeeld is de trui van schouder tot onderkant 71 cm lang. De lap die ik heb gehaakt is dus totaal 142 cm breed.

Totaal maat: haak 2x een lap van 142 cm breed en 27 cm hoog.

Andere maat: met bovenstaand voorbeeld kun je de trui gemakkelijk aanpassen aan je eigen maat. Zolang het aantal steken maar deelbaar is door 2 + 1.

Opzetten: haak met haaknaald 5 en kleur 228 een ketting van 227 lossen. Of zet met haaknaald 4,5 al hakend 227 stokjes en ga verder met toer 2.

TOER 1 - ga verder met haaknaald 4,5 en haak nog 2 keerlossen. Steek in de 4e losse vanaf de haaknaald en haak stokjes tot einde toer. Aan het eind van deze toer heb je dan 227 stokjes.

TOER 2 - haak 3 keerlossen, 1 stokje in de volgende steek, *1 losse, 1 steek overslaan, 1 stokje in de volgende steek, herhaal vanaf * tot einde toer, eindig met 1 stokje in de 2e keerlosse van de vorige toer.

TOER 3 - haak 3 keerlossen, haak in elke open ruimte 2 stokjes, eindig de toer met 1 stokje op de 3e keerlosse van de vorige toer.

TOER 4 - haak 3 keerlossen, 1 stokje tussen het laatste stokje en het groepje van 2 stokjes van de vorige toer, *1 losse, 1 stokje tussen de volgende groepjes van 2 stokjes, herhaal vanaf * tot einde toer, eindig met 1 losse, 1 stokje tussen het laatste groepje van 2 stokjes en de 3 keerlossen, 1 stokje op de 3e keerlosse van de vorige toer.

Herhaal toer 3 en 4 tot de gewenste hoogte is bereikt, eindig met toer 3. Haak het tweede pand op dezelfde manier. Kijk ook naar diagram 23.

MOUWEN

(aantal steken deelbaar door 2)

Opzetten: haak met haaknaald 5 en kleur 228 een ketting van 45 lossen. Of zet met haaknaald 4,5 al hakend 46 stokjes op en ga verder met toer 2.

TOER 1 - ga verder met haaknaald 4,5 en haak nog 3 keerlossen. Steek in de 5e losse vanaf de haaknaald en haak stokjes tot einde toer. Aan het eind van deze toer heb je dan 46 stokjes.

TOER 2 - haak deze als toer 2 van het pand, maar begin met 4 ipv 3 keerlossen en eindig met 1 losse, 1 steek overslaan, 1 stokje in de 3e keerlosse van de vorige toer.

TOER 3 - haak 3 keerlossen, 1 haak in de open ruimte, *2 stokjes in elke volgende open ruimte, eindig met 1 stokje in de laatste open ruimte, 1 stokje op de 3e keerlosse van de vorige toer.

TOER 4 - haak 3 keerlossen, 1 losse, 1 stokje tussen de eerste 2 groepjes van 2 stokjes, *1 losse, 1 stokje tussen de volgende 2 groepjes van 2 stokjes, herhaal vanaf * tot einde toer, eindig met 1 losse, 1 stokje op de 3e keerlosse van de vorige toer.

TOER 5 - in deze toer worden 2 steken gemeerderd als volgt. 3 keerlosse, 2 stokjes in elke open ruimte, eindig met 2 stokjes in de laatste open ruimte en 1 stokje op de 3e keerlosse van de vorige toer. Kijk ook naar diagram 24.

Herhaal vervolgens toer 3 en 4 en meerder na toer 5 in elke 4e toer, dus toer 9, 13, 17, 21 etc. Kijk ook naar diagram 24.

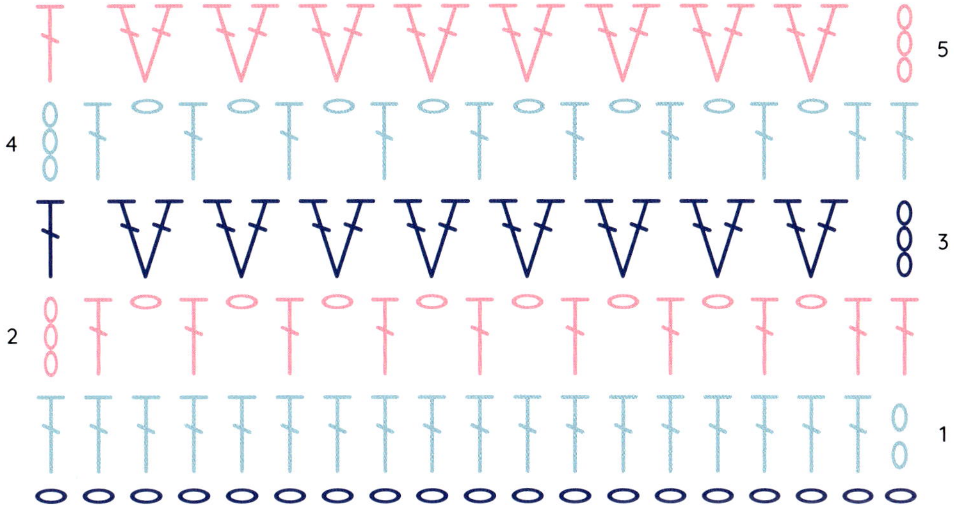

Diagram 23 warme avondtrui

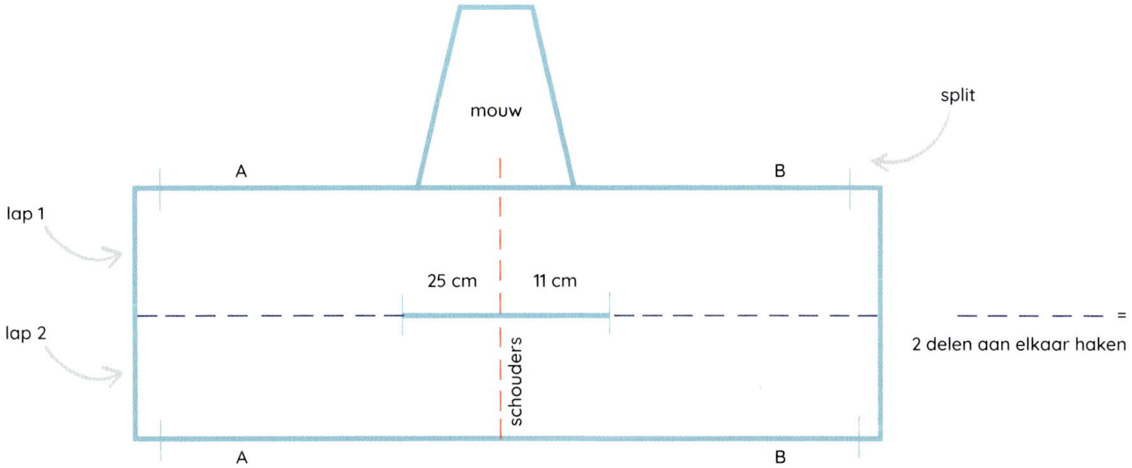

Overzichtstekening warme avondtrui

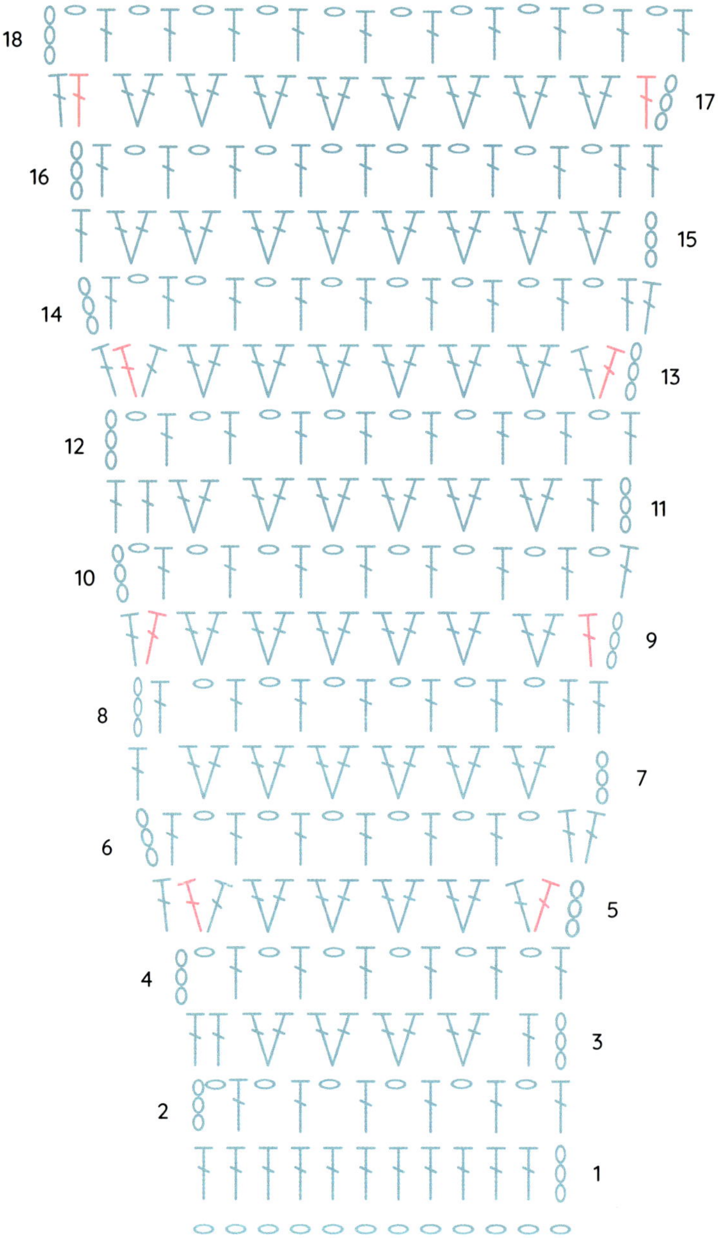

Diagram 24 meerderingen mouw

MEERDEREN

Meerder in totaal 9 keer aan beiden kanten van de mouw (= 18 steken totaal).
Gebruik hiervoor diagram 24 meerderingen voor de mouw. Dit diagram is smaller dan de echte mouw, het gaat hier alleen om de meerderingen goed aan te geven. De roze steken zijn de meerderingen. In het diagram is het 4x voorgedaan, in het totaal moet je dus 9 keer meerderen.

IN ELKAAR ZETTEN

Panden middennaad en hals

Leg de 2 panden (lap 1 en 2 op de overzichtstekening) met de onderkanten tegen elkaar, dit is het midden van de trui, dus de enige toer met alleen stokjes naast elkaar.
Geef het midden aan van de 2 panden in de lengte, zet op dit middenpunt aan beide panden een stekenmarkeerder (= rode stippellijn op de overzichtstekening). Dit zijn de schoudernaden. Sla dan de panden met de goede kanten op elkaar en haak ze dicht met vasten. In het midden laat je een stuk van totaal 36 cm open. Dit is de hals van de trui. Kijk voor de verdeling op de overzichtstekening. 25 cm voor de voorkant en 11 cm voor de achterkant (of naar eigen smaak anders).

Mouwen

Meet aan de bovenkant van de mouw het middenpunt, zet hier een stekenmarkeerder (= rode stippellijn op de overzichtstekening).
Leg de mouw tegen de steekmarkeerder van de schoudernaad aan, beide stekenmarkeerders tegen elkaar. Haak de delen met vasten aan elkaar, houd goede kanten op elkaar.
Omdat de laatste toer van de panden en de laatste toer van de mouwen hetzelfde zijn, kun je deze probleemloos aan elkaar zetten, het patroon loopt dan in elkaar over.
Gebruik hiervoor de volgende steken: vasten tussen de groepjes van 2 stokjes, 2 lossen, en weer 1 vaste tussen de volgende 2 groepjes van 2 stokjes.

De trui helemaal in elkaar zetten

Als de mouwen aan beide kanten zijn vastgehaakt, vouw je de trui dubbel met de goede kanten op elkaar, A op B (de trui is dan binnenstebuiten). Haak nu met bovengenoemde stekencombinatie als bij het aanhaken van de mouwen aan de panden, in 1 keer de mouwen en de zijnaden dicht. Laat aan beide onderkanten van de panden 10 cm open als split.

AFWERKING

Haak aan de onderkant van de mouwen en de trui een grote schulprand.

TOER 1 - hecht aan en haak 1 vaste, *3 lossen, sla 2 steken over, 1 vaste, herhaal vanaf * tot einde toer en eindig met 3 lossen, 1 halve vaste in de 1e vaste.

TOER 2 - haak afwisselend in elke open ruimte 1 vaste en een schulp van 7 stokjes. Eindig de toer met 1 halve vaste in de 1e steek. Kijk ook naar diagram grote schulprand op pagina 17. Hecht af.

Werk alle draadjes met de stompe naald weg.

Gestipte WOLMAND

Dit heerlijke mandje mag niet aan jouw collectie ontbreken. In een avond is de rand gemaakt. En heel gemakkelijk te stylen naar je eigen smaak.

WAT HEB JE NODIG?

- **2 bollen Scheepjes Stone Washed XL** in de kleur **841 Moon Stone**
- **1 bol Scheepjes Stone Washed** in de kleur **820 Rose Quartz**
- **Restjes Scheepjes Stone Washed** in de kleuren:
  836 Tourmaline
  819 New Jade
  813 Amazonite
- **Rechthoekig mandje** (online te koop in de webshop van Wendy)
- **Haaknaald: 3,5** en **5**
- **Stompe naald** voor het wegwerken van de draden en het vastzetten op de mand

GRANIETSTEEK: over een aantal steken deelbaar door 2

WERKWIJZE

Opzetten: haak met haaknaald 5 en kleur 841 een ketting van lossen. De lengte van de ketting bepaal je door deze te meten aan de bovenrand van je mand.

TOER 1 - 1 keerlosse, 1 losse, 1 vaste in de 4e losse vanaf de haaknaald, *1 losse, 1 steek overslaan, 1 vaste, herhaal vanaf * tot einde toer.

TOER 2 - 1 keerlosse, *1 losse, 1 steek overslaan, 1 vaste in de open ruimte, herhaal vanaf * tot einde toer. Kijk ook naar diagram 14.

TOER 3 T/M TOER 11 - herhaal toer 2, of haak tot je de gewenste hoogte hebt bereikt. Dit is ongeveer de helft van de hoogte van je mandje.

TOER 12 - 2 keerlossen, haak halve stokjes tot einde toer, maar steek de naald alleen in de achterste lus. Hierdoor krijg je een mooi omslagrandje.

TOER 13 EN 14 - 2 keerlossen, haak halve stokjes tot einde toer.

Diagram 14 granietsteek wolmand

Diagram kleine schulprand

AFWERKING

Stippen

Haak met haaknaald 3,5 en iedere kleur van het dunne Stone Washed-garen 9 stippen als volgt.

Begin: maak een Magic Loop.

TOER 1 - haak 2 lossen (telt als 1e half stokje), 9 halve stokjes in de Magic Loop. Trek de Magic Loop aan en sluit de cirkel met 1 halve vaste in de 1e steek. Werk de draad weg achter de stip.

Naai de stippen met dun naaigaren gelijk verdeeld op de 'buitenste' rand (= toeren 1 t/m 11).

De schulprand aan de 'buitenste' rand

TOER 1 - hecht aan met kleur 820 en haaknaald 3,5 en haak: 1 vaste, *2 lossen, 2 steken overslaan, 1 vaste, herhaal vanaf * tot einde toer.

TOER 2 - haak in iedere open ruimte van de vorige toer afwisselend 1 vaste en een schulp van 5 stokjes. Kijk ook naar diagram kleine schulprand.

Naai de zijkanten van de rand met de ik-en-jij-steek aan elkaar.

Schuif de rand over de mand heen en vouw de laatste 3 toeren met halve stokjes naar binnen. Zet met een draad Stone Washed XL en een stompe naald de rand vast op de mand met een rijgsteek. De naald kun je door het riet heen steken.

Diagram stip

Lieve ARMBANDJES

Maak je kledingset compleet met een bijpassend armbandje! Heerlijk om al je restjes mee op te maken. Een armband, of 3 bij elkaar, allemaal leuk!

WAT HEB JE NODIG?

- **Restjes garen**, bijvoorbeeld katoen, in diverse kleuren
- **Kleine knoopjes**
- **Haaknaald 3** of passend bij het garen
- **Stompe naald** voor het afwerken van de draadjes

MAAT: omtrek van je pols

Do small things with great love

WERKWIJZE

Meet de omtrek van de pols sluitend, dus geen extra ruimte. Deze komt er later automatisch bij met de sluiting.

Begin: haak een ketting van lossen zo lang als je gemeten hebt rond de pols.

TOER 1 - 1 keerlosse, 1 vaste in de 3e losse vanaf de haaknaald, 1 vaste in elke volgende losse.

TOER 2 - 5 lossen, in tegenstelling tot normaal haakwerk draai je nu je werk naar de onderkant en haak je aansluitend vasten in de lossenketting. De 5 lossen zijn de sluiting voor je armband. Kijk ook naar diagram 4.
Haak op de kopse kant 5 stokjes in de 'middelste' steek van de 2 toeren. Sluit de toer met 1 halve vaste op de 1e steek. Op de 5 stokjes naai je het knoopje.

Versier nu je armband naar eigen idee: met tamboereerwerk in een afstekende kleur (zie pagina 18), of met kraaltjes, stippen of een minibloemetje.

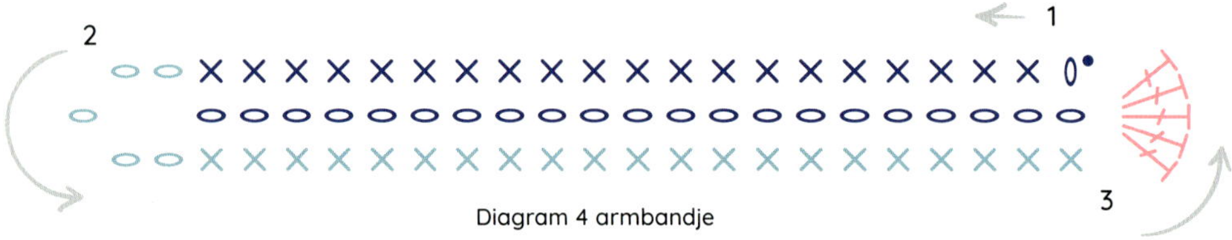

Diagram 4 armbandje

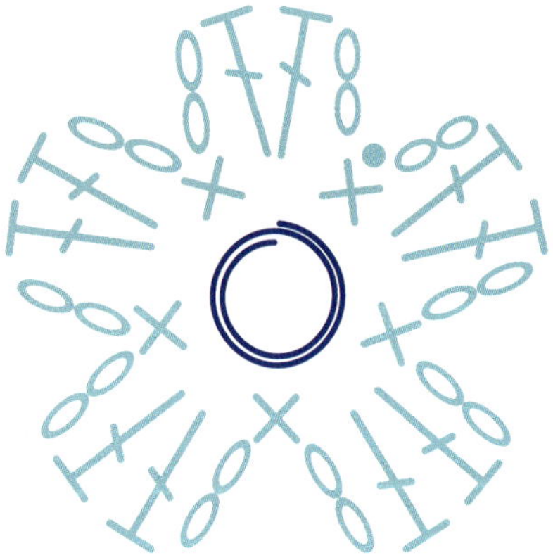

Diagram 5 minibloemetje

MINIBLOEMETJE

Begin: maak een Magic Loop.

TOER 1 - haak in de Magic Loop: 1 vaste, *2 lossen, 2 stokjes, 2 lossen, 1 vaste. Dit is je eerste blaadje. Herhaal vanaf * nog 4 keer. Sluit het laatste blaadje met 1 halve vaste in plaats van 1 vaste in de 1e vaste. Kijk ook naar diagram 5. Trek de Magic Loop aan en hecht de draad af. Naai een klein knoopje op het minibloemetje.

Girls BLANKET

Over deze deken droomde ik al zolang, de perfecte balans in kleur en steken. Voor grote en voor kleine meisjes. En natuurlijk ook voor jongetjes.

WAT HEB JE NODIG?

- **2 bollen Scheepjes Colour Crafter** in elk van de volgende kleuren:
  1005 Barneveld
  1034 Urk
  1130 Sittard
  1241 Den Bosch
  1316 Almelo
- **Haaknaald: 4,5** voor het opzetten en **4** voor het haken
- **Stompe naald** voor het afwerken van de draadjes

MAAT: 124x155 cm, exclusief rand

AANTAL STEKEN: deelbaar door 3

WERKWIJZE

Opzetten: haak met haaknaald 4,5 en kleur 1241 een ketting van 197 lossen.
Of zet met haaknaald 4 al hakend 198 stokjes op en ga verder met toer 2.

TOER 1 - ga verder met haaknaald 4 en haak nog 2 keerlossen. Samen met de laatste steek van de lossenketting is dit het 1e stokje van de toer. Steek in de 4e losse vanaf de haaknaald en haak stokjes tot einde toer. Aan het eind van deze toer heb je dan 198 stokjes.

TOER 2 - wissel naar kleur 1316.
Haak 2 keerlossen, haak de hele toer halve stokjes.

TOER 3 - wissel naar kleur 1005.
Haak 2 keerlossen, haak de hele toer halve stokjes.

TOER 4 - wissel naar kleur 1034.
Haak 3 keerlossen, haak de hele toer stokjes.

TOER 5 - wissel naar kleur 1130.
Haak 3 keerlossen, 1 stokje in de 1e steek, 2 steken overslaan, 3 stokjes in het 4e stokje van de vorige toer, *2 steken overslaan, 3 stokjes in de volgende steek, herhaal vanaf * tot einde toer, eindig met

2 stokjes in de 3e keerlosse van de vorige toer. Kijk hierbij ook goed naar diagram 11.

TOER 6 - wissel naar kleur 1241. Haak 2 keerlossen, haak de hele toer halve stokjes.

TOER 7 - wissel naar kleur 1316. Haak 3 keerlossen, haak de hele toer stokjes.

TOER 8 - wissel naar kleur 1005. Haak 2 keerlossen, haak de hele toer halve stokjes.

TOER 9 - wissel naar kleur 1034. Haak 3 keerlossen, haak de hele toer stokjes.

TOER 10 - wissel naar kleur 1005. Haak 3 keerlossen, haak 1 half stokje in de volgende steek, *1 losse, 1 steek overslaan, 1 half stokje, herhaal vanaf * tot einde toer, het laatste halve stokje komt op de 3e keerlosse van de vorige toer.

TOER 11 - wissel naar kleur 1130. Haak 3 keerlossen, haak 1 stokje in de open ruimte van de vorige toer, haak verder 2 stokjes in alle open ruimtes van de vorige toer. Eindig met 1 stokje op de 3e keerlosse van de vorige toer en 1 stokje op de 2e keerlosse. Kijk weer goed naar diagram 11.

TOER 12 - wissel naar kleur 1241. Haak 2 keerlossen, haak de hele toer halve stokjes.

TOER 13 - wissel naar kleur 1005. Haak 2 keerlossen, haak de hele toer halve stokjes.

TOER 14 - wissel naar kleur 1316. Haak 3 keerlossen, haak de hele toer stokjes.

TOER 15 - wissel naar kleur 1130. Haak 3 keerlossen, 1 stokje in de 1e steek, 2 steken overslaan, 3 stokjes in het 4e stokje van de vorige toer, *2 steken overslaan, 3 stokjes in de volgende steek, herhaal vanaf *, eindig met 2 stokjes in de 3e keerlosse van de vorige toer.

TOER 16 - wissel naar kleur 1034. Haak 2 keerlossen, haak de hele toer halve stokjes.

TOER 17 - wissel naar kleur 1241. Haak 3 keerlossen, haak de hele toer stokjes.

TOER 18 - wissel naar kleur 1005. Haak 2 keerlossen, haak de hele toer halve stokjes.

TOER 19 - wissel naar kleur 1316. Haak 3 keerlossen, haak de hele toer stokjes.

TOER 20 - wissel naar kleur 1005. Haak 3 keerlossen, 1 stokje boven op het 3e stokje van de vorige toer, 2 lossen, 1 stokje in dezelfde steek, *2 steken overslaan, 1 stokje in de volgende steek, 2 lossen, 1 stokje in dezelfde steek, herhaal vanaf * tot einde toer, eindig met 1 stokje in de 3e keerlosse van de vorige toer. Kijk hierbij ook goed naar het diagram.

TOER 21 - wissel naar kleur 1241. Haak 3 keerlossen, haak verder de hele toer stokjes als volgt: 1 stokje tussen de eerste 2 stokjes, *2 stokjes in de open ruimte, 1 stokje tussen 2 stokjes, herhaal vanaf * tot einde toer, eindig met 1 stokje tussen het laatste stokje en de 3 keerlossen, 1 stokje op de 3e keerlosse. Kijk ook heel goed naar het diagram. Er zijn nu 198 stokjes. Herhaal de toeren 2 t/m 21 tot de gewenste lengte van de deken.

AFWERKING

Werk alle draadjes met de stompe naald weg.

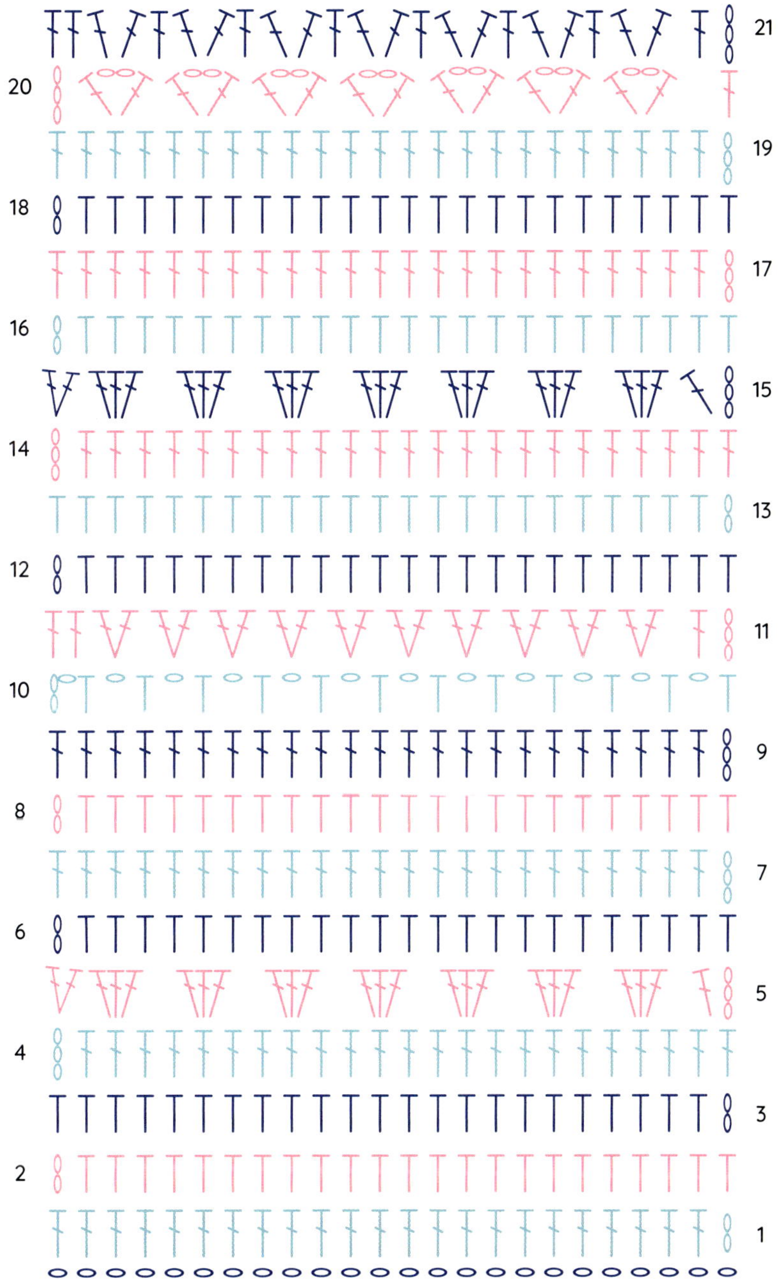

Diagram 11 girls blanket

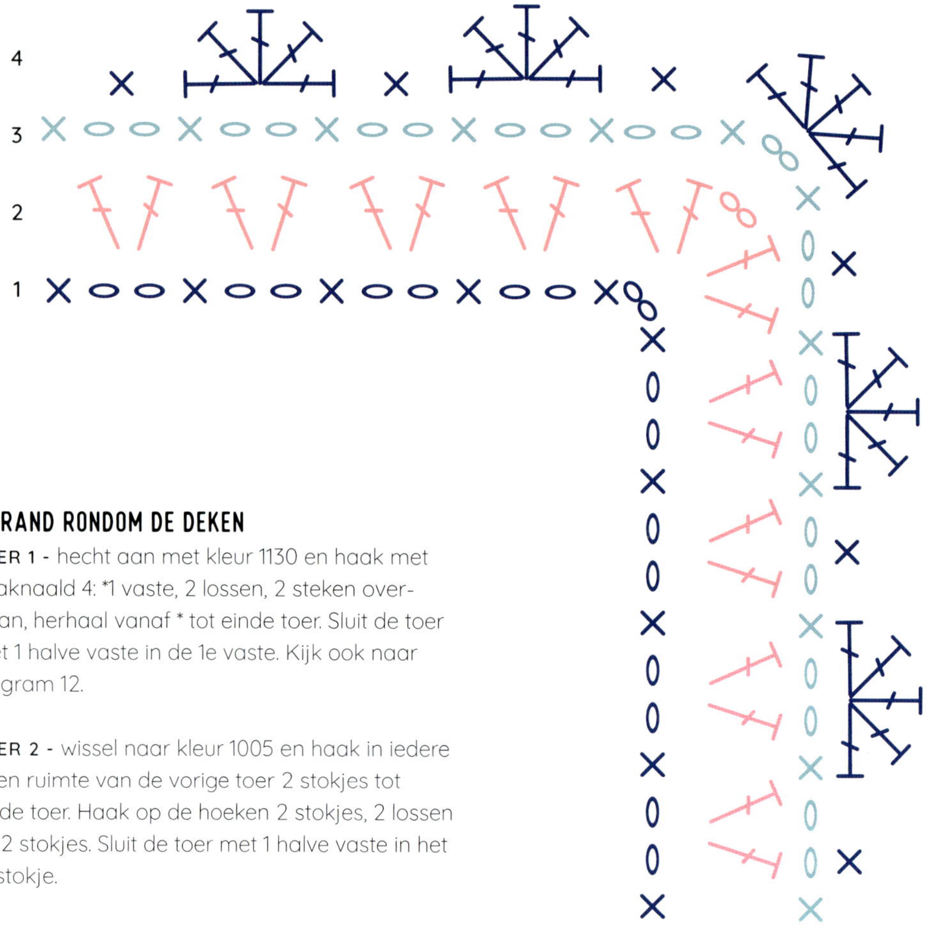

Diagram 12 rand girls blanket

DE RAND RONDOM DE DEKEN

TOER 1 - hecht aan met kleur 1130 en haak met haaknaald 4: *1 vaste, 2 lossen, 2 steken overslaan, herhaal vanaf * tot einde toer. Sluit de toer met 1 halve vaste in de 1e vaste. Kijk ook naar diagram 12.

TOER 2 - wissel naar kleur 1005 en haak in iedere open ruimte van de vorige toer 2 stokjes tot einde toer. Haak op de hoeken 2 stokjes, 2 lossen en 2 stokjes. Sluit de toer met 1 halve vaste in het 1e stokje.

TOER 3 - wissel naar kleur 1034 en haak 1 vaste, *2 lossen, 2 steken overslaan, 1 vaste, herhaal vanaf * tot einde toer. Haak op de hoeken 1 vaste, 2 lossen en 1 vaste. De vasten vallen steeds tussen de groepjes van 2 stokjes van de vorige toer. Sluit de toer met 1 halve vaste in de 1e vaste.

TOER 4 - wissel naar kleur 1241 en haak in iedere open ruimte van de vorige toer afwisselend 1 vaste en een schulpje van 5 stokjes. Zorg dat op de hoeken een schulpje komt. Sluit de toer met 1 halve vaste in de 1e vaste.

Werk alle draadjes met de stompe naald weg.

TIP

Werk om de 10 toeren alle draadjes met de stompe naald weg. Scheelt je aan het einde heel veel werk!

Boys BLANKET

Deze deken is ook voor kleine jongetjes heel erg leuk. Daarom maakte ik ook nog een miniversie van de Girls Blanket genaamd Boys Blanket.

WAT HEB JE NODIG?

- **1 bol Scheepjes Colour Crafter** in elk van de volgende kleuren:
  1005 Barneveld
  1011 Tynaarlo
  1034 Urk
  1218 Zandvoort
  1302 Dokkum
- **Haaknaald: 4,5** voor het opzetten en **4** voor het haken
- **Stompe naald** voor het afwerken van de draadjes

MAAT: 90x120 cm, exclusief rand

WERKWIJZE

Voor deze kleine deken zet je al hakend met haaknaald 4 135 stokjes op en ga verder met toer 2. Of haak met haaknaald 4,5 een ketting van 134 lossen en ga verder met toer 1.

Volg verder de beschrijving van de Girls blanket, maar met de volgende kleuren:

TOER 1 - 1011
TOER 2 - 1302
TOER 3 - 1005
TOER 4 - 1034
TOER 5 - 1218
TOER 6 - 1011
TOER 7 - 1302
TOER 8 - 1005
TOER 9 - 1034
TOER 10 - 1005
TOER 11 - 1218
TOER 12 - 1011
TOER 13 - 1005
TOER 14 - 1302
TOER 15 - 1218
TOER 16 - 1034
TOER 17 - 1011
TOER 18 - 1005
TOER 19 - 1302
TOER 20 - 1050
TOER 21 - 1011

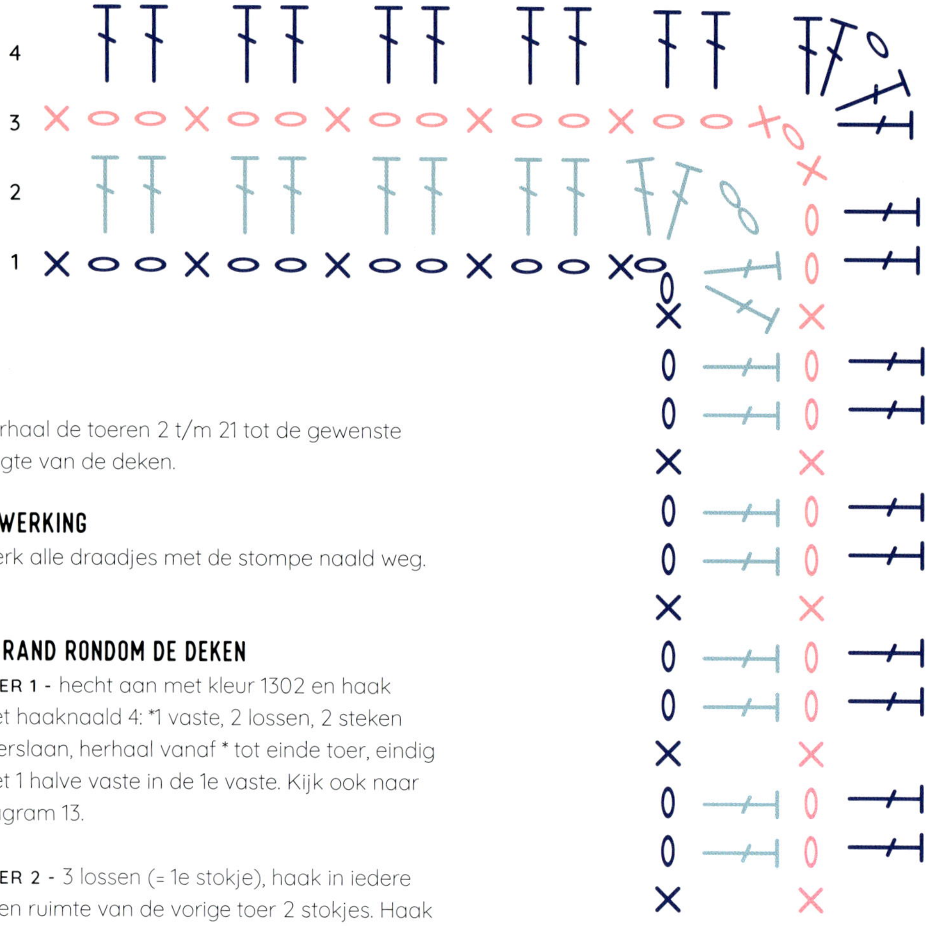

Diagram 13 rand boys blanket

Herhaal de toeren 2 t/m 21 tot de gewenste lengte van de deken.

AFWERKING

Werk alle draadjes met de stompe naald weg.

DE RAND RONDOM DE DEKEN

TOER 1 - hecht aan met kleur 1302 en haak met haaknaald 4: *1 vaste, 2 lossen, 2 steken overslaan, herhaal vanaf * tot einde toer, eindig met 1 halve vaste in de 1e vaste. Kijk ook naar diagram 13.

TOER 2 - 3 lossen (= 1e stokje), haak in iedere open ruimte van de vorige toer 2 stokjes. Haak op de hoeken in een open ruimte: 2 stokjes, 2 lossen en 2 stokjes. Sluit de toer met 1 halve vaste in het 1e stokje.

TOER 3 - wissel naar kleur 1005 en haak: 1 losse (= 1e vaste), *2 lossen, 2 steken overslaan, 1 vaste (deze komt tussen de groepjes van 2 stokjes), herhaal vanaf * tot einde toer. Haak op de hoeken in de open ruimte: 1 vaste, 1 losse en 1 vaste. Sluit de toer met 1 halve vaste in de 1e vaste.

TOER 4 - wissel naar kleur 1218, 3 lossen (= 1e stokje) en haak in iedere open ruimte van de vorige toer 2 stokjes. Haak op de hoeken in de open ruimte: 2 stokjes, 1 losse en 2 stokjes. Sluit de toer met 1 halve vaste in het 1e stokje.

Werk alle draadjes met de stompe naald weg.

Kleine BOODSCHAPPENTAS

Soms heb je alleen maar even een klein boodschapje nodig, even snel heen en weer. Dan is zo'n klein nettasje heel erg handig. Maar natuurlijk ook prima om je haakwerk in mee te nemen.

WAT HEB JE NODIG?

- **3 bollen Scheepjes Softfun** voor de basis en **1 bol** voor de afwerking. Ik gebruikte de combinaties:
  - **2496 (zachtgeel, basis)** met **2513 (lichtroze)**
  - **2449 (oranje, basis)** met **2613 (lichtblauw)**
  - **2613 (lichtblauw, basis)** met **2495 (fuchsia)**
- **Haaknaald: 4,5** voor het opzetten en **4** voor het haken
- **Stompe naald** voor het afwerken van de draadjes
- **2 leren hengsels**

MAAT: 30x35 cm, inclusief rand

AANTAL STEKEN: deelbaar door 3 + 2

WERKWIJZE

Opzetten: haak met haaknaald 4,5 een ketting van 50 lossen.

TOER 1 - ga verder met haaknaald 4 en haak nog 1 keerlosse, 1 vaste in de 3e losse vanaf de haaknaald, 1 vaste in elke volgende losse.

TOER 2 EN 3 - 1 keerlosse, haak de hele toer vasten.

TOER 4 - 3 keerlossen, 1 stokje in de volgende steek, *1 losse, 1 steek overslaan, 2 stokjes, herhaal vanaf * tot einde toer. Kijk ook goed naar diagram 10.

TOER 5 - als toer 2.

Herhaal toer 2 t/m 5 nog 12 keer en eindig met 3 toeren vasten. Haak dit lapje 2x (voor- en achterkant van de tas).

Haak vervolgens om beide delen met een afstekende kleur 2 toeren stokjes, let op: aan beide zijkanten en de onderkant, bovenkant vrij laten.

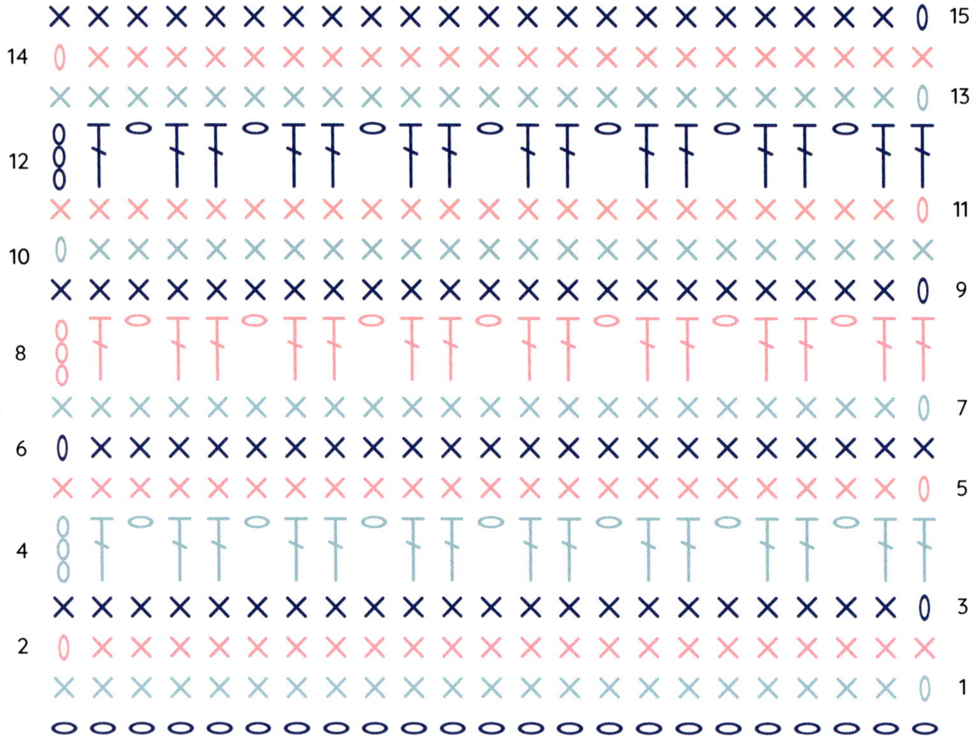

Diagram 10 kleine boodschappentas

AFWERKING

Leg de 2 tasdelen met de goede kant op elkaar. Haak de tas 'rondom' dicht (dus niet langs de bovenkant) met vasten. Keer de tas om met de goede kant naar buiten.
Haak om de bovenrand van de tas een schulprand op een onderrand als volgt:

TOER 1 - 1 vaste, *2 lossen, 2 steken overslaan, 1 vaste, herhaal vanaf * tot einde toer. Sluit de toer met 1 halve vaste in de 1e vaste.

TOER 2 - haak in iedere open ruimte van de vorige toer afwisselend een schulpje van 5 stokjes en 2 vasten. Kijk ook naar diagram 22 schulprand met dubbele vasten op pagina 96.

Werk alle draadjes met de stompe naald weg.

Versier je tas verder met handvatten, labels en strikjes.

Fijn en klein KRUKJE

Krukjes voor grote en voor kleine mensen, zo handig om altijd in de buurt te hebben in huis en in de tuin.

WAT HEB JE NODIG?

- **2 bollen Scheepjes Stone Washed XL** in de kleur **860 Rose Quartz**
- **1 bol Scheepjes Stone Washed XL** in elk van de volgende kleuren:
  859 New Jade
  853 Amazonite
  841 Moon Stone
- **1 bol Scheepjes Stone Washed** in de kleur **820 Rose Quartz**
- **Haaknaald: 3,5 en 5**
- **Rond krukje**
- **Stompe naald** voor het afwerken van de draadjes

WERKWIJZE

Begin: maak een Magic Loop met haaknaald 5 en kleur 841.

TOER 1 - haak 3 lossen (telt als 1e stokje), 11 stokjes in de Magic Loop. Sluit de toer met 1 halve vaste in de 1e steek, herhaal dit iedere volgende toer.

TOER 2 - wissel naar kleur 860 en haak 2 stokjes in elke volgende steek (meerderen in elke steek = totaal 24 stokjes).

TOER 3 - wissel naar kleur 841 en meerder in elke 2e steek als volgt: *1 stokje, 2 stokjes in 1 steek, herhaal vanaf * tot einde toer (= totaal 36 stokjes).

TOER 4 - wissel naar kleur 860 en meerder in elke 3e steek als volgt: *2 stokje, 2 stokjes in 1 steek, herhaal vanaf * tot einde toer (= totaal 48 stokjes).

TOER 5 - wissel naar kleur 841 en meerder in elke 4e steek (= totaal 60 stokjes).

TOER 6 - wissel naar kleur 860 en meerder in elke 5e steek (= totaal 72 stokjes).

TOER 7 - wissel naar kleur 841 en meerder in elke 6e steek (= totaal 84 stokjes).

TOER 8 - wissel naar kleur 860 en meerder in elke 7e steek (= totaal 96 stokjes).

TOER 9 - wissel naar keur 841 en meerder in elke 8e steek (= totaal 108 stokjes).

TOER 10 - wissel naar kleur 860 en meerder in elke 9e steek (= totaal 120 stokjes).

Vanaf het moment dat de cirkel de totale bovenkant van je krukje bedekt (afhankelijk van jouw hand van haken, kan dat dus ook eerder of later dan toer 10 zijn) stop je met meerderen en haak je verder met 1 stokje in elke steek.
Op deze manier ontstaat de zijrand van je krukje. Haak door tot je de juiste hoogte hebt bereikt.

Volgorde van de kleuren voor de rand:
TOER 11 - 859
TOER 12 - 853
TOER 13 - 860
TOER 14 - 853
TOER 15 - 859
TOER 16 - 860
TOER 17 - 853

TOER 18 - haak met haaknaald 3,5 en kleur 820 een rand van 1 vaste, *2 lossen, 2 steken overslaan, 1 vaste, herhaal vanaf * tot einde toer.

TOER 19 - haak in iedere open ruimte van de vorige toer afwisselend 1 vaste en een schulp van 5 stokjes. Sluit de toer met 1 halve vaste in de 1e steek. Kijk ook naar diagram kleine schulprand op pagina 17.

AFWERKING

Om wat diepte in de hoes te maken, kun je op iedere toer met dezelfde kleur nog een extra rand tamboereren.

Werk alle draadjes met de stompe naald weg.

Wendy's
Home Collection

Soft en stoer
KUSSEN XL

Een heerlijk stoer kussen dat altijd van pas komt, met XL-garen ook nog eens snel gemaakt.

WAT HEB JE NODIG?

- **Scheepjes Stone Washed XL** in de kleuren:
  3 bollen 841 Moon Stone
  2 bollen 860 Rose Quartz
  1 bol 859 New Jade
  1 bol 853 Amazonite
- **1 bol Scheepjes Stone Washed** in de kleur **820 Rose Quartz** voor de schulprand
- **4 grote houten knopen** met een doorsnede van 2,5 cm
- **Leren label** naar keuze
- **Haaknaald: 5** en **3,5**
- **Stompe naald** voor het afwerken van de draadjes
- **Langwerpig binnenkussen** van 35x50 cm

WERKWIJZE

Opzetten: haak met haaknaald 5 en kleur 841 een ketting van 84 lossen.

TOER 1 - met kleur 841, haak 1 keerlosse, haak de hele toer vasten.

TOER 2 - wissel naar kleur 860 en haak 1 keerlosse, haak de hele toer vasten.

TOER 3 T/M 56 - herhaal toer 1 en 2.

TOER 57 - wissel naar kleur 841 en haak 1 keerlosse, haak de hele toer vasten.

Haak t/m toer 68 vasten, maar wissel steeds van kleur als volgt.

TOER 58 - kleur 859
TOER 59 - kleur 853
TOER 60 - kleur 860
TOER 61 - kleur 853
TOER 62 - kleur 859
TOER 63 - kleur 860
TOER 64 - kleur 853
TOER 65 - kleur 859
TOER 66 - kleur 853
TOER 67 - kleur 860
TOER 68 - kleur 859

TOER 69 - wissel naar kleur 841 en haak 3 keerlossen, haak de hele toer stokjes (hier komen de knopen doorheen).

AFWERKING

Werk alle draadjes met de stompe naald weg.

Vouw de lap dubbel met de goede kant en de zijkanten op elkaar. Haak de lap dicht met vasten langs de zijkanten en de onderkant.
Keer de hoes met de goede kant naar buiten. Haak om de opening van de hoes een schulprand als volgt:

TOER 1 - haak met haaknaald 3,5 en kleur 820 een rand van 1 vaste, *2 lossen, 2 steken overslaan, 1 vaste, herhaal vanaf * tot einde toer. Sluit de toer met 1 halve vaste in de 1e steek.

TOER 2 - haak in iedere open ruimte van de vorige toer afwisselend 1 vaste en een schulp van 5 stokjes. Sluit de toer met 1 halve vaste in de 1e steek. Kijk ook naar diagram kleine schulprand op pagina 17.

Werk alle draadjes met de stompe naald weg.

Naai de knopen aan de binnenkant van de stokjestoer vast.
Naai het leren label onder in de hoek aan de voorkant van de hoes.
Stop het binnenkussen in de hoes en sluit deze met de knopen door de toer met stokjes.

Neem iedere dag een momentje voor jezelf

Lieve Elise
OMSLAGDOEK

Jezelf omringen met zachtheid, daar is Lieve Elise voor bedoeld.
Heerlijk voor op de bank, in de tuin of als omslagdoek mee naar een feest.

WAT HEB JE NODIG?

- **4 bollen Scheepjes Eliza**
- **1 bol Scheepjes Twinkle**
- **Haaknaald: 5** voor het opzetten en **4,5** voor het haken
- **Grote houten knoop** voor de bloembroche
- **Stompe naald** voor het afwerken van de draadjes

MAAT: 55x160 cm

AANTAL STEKEN: deelbaar door 3

Ik gebruikte de kleurencombinaties:

- **Eliza 230 Powder Puff** en **Twinkle 919 (lichtblauw)**
- **Eliza 228 Satin Bow** en **Twinkel 937 (zalm)**
- **Eliza 222 Turquoise Gem** en **Twinkle 926 (hardroze)**
- **Eliza 213 Minty Fresh** en **Twinkle 907 (lavendelblauw)**

WERKWIJZE

Opzetten: haak met haaknaald 5 en garen Eliza een ketting van 99 lossen.

TOER 1 - ga verder met haaknaald 4,5 en haak nog 3 keerlossen. Samen met de laatste steek van de lossenketting is dit het 1e stokje én de eerste ruimte voor het gaatje van de toer. Haak volgens diagram 16 verder: 1 stokje in de 6e losse vanaf de haaknaald, *1 losse, 1 steek overslaan, 1 stokje, herhaal vanaf * tot einde toer.

TOER 2 - 4 keerlossen, 1 steek overslaan, 1 stokje op het volgende stokje, *1 losse, 1 stokje op het volgende stokje (dus de open ruimte overslaan), herhaal vanaf * tot einde toer.

Herhaal toer 2 tot een totale lengte van 160 cm.

AFWERKING

Werk alle draadjes met de stompe naald weg.

KWASTEN

Aan de korte kanten van de omslagdoek worden door ieder gaatje de kwasten geknoopt. Deze maak je als volgt.
Neem een A5-notitieboekje en sla de draad daar 3x omheen. Haal het draad van het boekje af en knip 1 kant door. Pak de lussen bovenaan samen

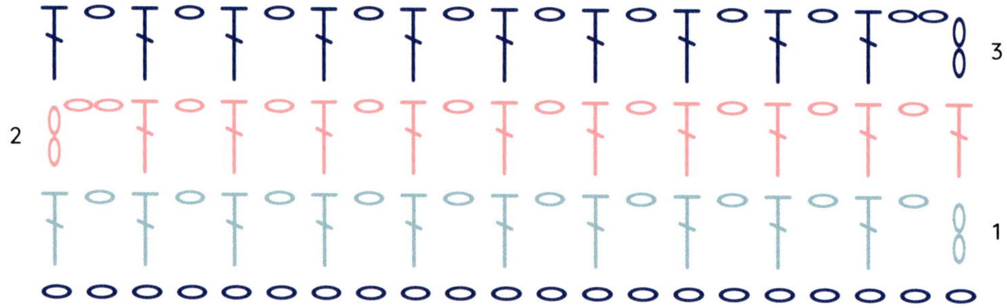

Diagram 16 omslagdoek lieve Elise

en haal ze door het haakwerk heen. Vervolgens haal je de uiteinden van de draden door de lus heen. Doe dit om en om in de kleur van de omslagdoek en het afstekende Twinkle-garen.

BLOEMBROCHE

Je kunt de omslagdoek opsieren of vastmaken met de bloembroche.

Begin: maak een Magic Loop met haaknaald 4,5 en het Twinkle-garen.

TOER 1 - haak 3 lossen (= 1e stokje), haak in totaal 12 stokjes in de Magic Loop. Trek de Magic Loop aan en sluit de cirkel met 1 halve vaste in de 1e steek.

TOER 2 - haak *3 lossen, 2 dubbele stokjes in de volgende steek, 1 dubbel stokje in de volgende steek, 3 lossen en 1 vaste in dezelfde steek als het laatste dubbele stokje. Dit is je eerste bloemblaadje. Voor het 2e bloemblaadje herhaal je vanaf *. Zo maak je 6 blaadjes aan de bloem. Sluit de toer met 1 halve vaste in de 1e steek. Kijk ook naar diagram 17.

Met een afstekende kleur maak je een tamboereerrand in het hart van de bloem. Kijk voor de uitleg op pagina 18. Vervolgens zet je met eenzelfde draad waarmee je de bloem haakte de grote knoop vast aan de achterkant van de bloem. Je broche is nu klaar.

Diagram 17 bloembroche

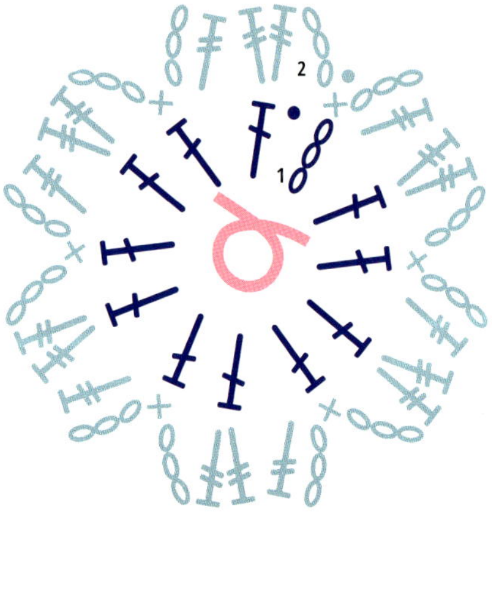

Rond MINIMANDJE

Een dotje van een mandje.

WAT HEB JE NODIG?

- **1 bol Scheepjes Stone Washed XL** in de kleur **859 New Jade** (dit is genoeg voor 2 mandjes)
- **1 bol Scheepjes Stone Washed** in de kleur **820 Rose Quartz** (of een restje)
- **Haaknaald: 5** voor het mandje en **3,5** voor de versiering
- **Stompe naald** voor het afwerken van de draadjes
- **Minimandje** (online te koop bij Wendy's Home Collection)

MAAT: doorsnede mandje is ongeveer 15 cm

WERKWIJZE

Opzetten: haak met haaknaald 5 en kleur 859 een ketting van lossen. De lengte van de ketting bepaal je door deze te meten aan de bovenrand van je mandje.

TOER 1 EN 2 - 2 keerlossen en haak de hele toer halve stokjes.

TOER 3 - 2 keerlossen en haak de hele toer halve stokjes, maar steek hierbij alleen in de achterste lus van de onderliggende toer. Hierdoor ontstaat het omslagrandje naar buiten.

TOER 4 EN 5 - haak de hele toer halve stokjes.

TOER 6 - wissel naar kleur 820 en haaknaald 3,5 en haak nog een rand van 1 vaste, *2 lossen, 2 steken overslaan, 1 vaste, herhaal vanaf * tot einde toer.

TOER 7 - haak in iedere open ruimte van de vorige toer afwisselend een schulpje van 5 stokjes en 1 vaste. Hecht af. Kijk ook naar diagram kleine schulprand op pagina 17.

Het is nooit te laat om opnieuw te beginnen

AFWERKING

STIPPEN

Haak met haaknaald 3,5 en kleur 820 14 stippen als volgt.

Begin: maak een Magic Loop.

TOER 1 - haak 2 lossen (telt als 1e half stokje), 9 halve stokjes in de Magic Loop. Trek de Magic Loop aan en sluit de cirkel met 1 halve vaste in de 1e steek. Werk de draad weg achter de stip.

Naai deze met dun naaigaren op de buitenrand, net boven de schulprand.

Zet de zijkanten van de lap aan elkaar met de ik-en-jij-steek (een filmpje hiervan staat op de website: www.wendyshomecollection.com/tutorials).
Schuif deze om het mandje heen. Sla de korte rand naar binnen en zet deze vast met de stompe naald en het XL-garen, door dit door het riet te rijgen.

Werk alle draadjes met de stompe naald weg.

Diagram stip

Scheepjes
Catona

Wendy's Home Collection

Brocante
SPELDENKUSSEN

In je haakmand mag natuurlijk geen speldenkussen ontbreken.

WAT HEB JE NODIG?

- **15 gram Scheepjes Stone Washed** in elk van de volgende kleuren: **820 Rose Quartz**
  819 New Jade
  801 Moon Stone
- **Haaknaald: 3,5**
- **Fiberfill of watten** voor de vulling
- **Houten knoop** met een doorsnede van 2 cm
- **Stompe naald** voor het afwerken van de draadjes

MAAT: doorsnede 11 cm

WERKWIJZE

Voor het speldenkussen haak je 2x dezelfde cirkel, waarvan 1x voor de achterkant geheel met kleur 820 en 1x voor de voorkant met: toer 1, 2 en 4 met kleur 819 en de andere toeren met kleur 820.

Begin: maak een Magic Loop.

TOER 1 - haak 2 lossen (telt als 1e halve stokje) en 9 halve stokjes in de Magic Loop, = totaal 10 halve stokjes. Sluit de toer met 1 halve vaste in de 1e steek, herhaal dit iedere volgende toer.

TOER 2 - haak 2 lossen, 2 halve stokjes in elke volgende steek (meerderen in elke steek = totaal 20 halve stokjes). Kijk ook naar diagram 18.

TOER 3 - haak 2 lossen, *2 halve stokjes in de volgende steek, 1 half stokje in volgende steek, herhaal vanaf * tot einde toer (= totaal 30 halve stokjes).

TOER 4 - haak 2 lossen, 1 half stokje in de volgende steek, *haak 2 halve stokjes in de volgende steek, 1 half stokje in de volgende 2 steken, herhaal vanaf * en eindig met 2 halve stokjes in de laatste steek (= totaal 40 halve stokjes).

TOER 5 - haak 2 lossen, 1 half stokje in de volgende 2 steken, *2 halve stokjes in de volgende steek, 1 half stokje in de volgende 3 steken, herhaal vanaf * en eindig met 2 halve stokjes in de laatste steek (= totaal 50 halve stokjes).

TOER 6 - haak 2 lossen, 1 half stokje in de volgende 3 steken, *2 halve stokjes in de volgende steek, 1 half stokje in de volgende 4 steken, herhaal vanaf * en eindig met 2 halve stokjes in de laatste steek (= totaal 60 halve stokjes).

TOER 7 - haak 2 lossen, 1 half stokje in de volgende 4 steken, *2 halve stokjes in de volgende steek, 1 half stokje in de volgende 5 steken, herhaal vanaf * en eindig met 2 halve stokjes in de laatste steek (= totaal 70 halve stokjes).

AFWERKING

Tamboereer op de cirkel voor de bovenkant 2x een cirkel met kleur 801 op toer 3 en 6.

Leg de 2 cirkels met de verkeerde kanten op elkaar en haak ze rondom vast met vasten en kleur 820. Laat tegen het einde ongeveer 5 cm open. Stop de vulling erin en haak vervolgens verder om het speldenkussen helemaal te sluiten.

Haak met kleur 801 nog een picotrandje om het speldenkussen heen als volgt.
Haak *3 vasten, 3 lossen en 1 halve vaste in de 3e losse vanaf de haaknaald, herhaal vanaf * tot einde toer. Sluit de toer met 1 halve vaste in de 1e vast. Kijk ook naar diagram 19.

Werk alle draadjes met de stompe naald weg.

Naai de knoop op het midden van het speldenkussen. Steek de draad door naar de achterkant. Trek de draad stevig aan en knoop de uiteinden met een dubbele knoop vast. Werk de draden weg in het speldenkussen.

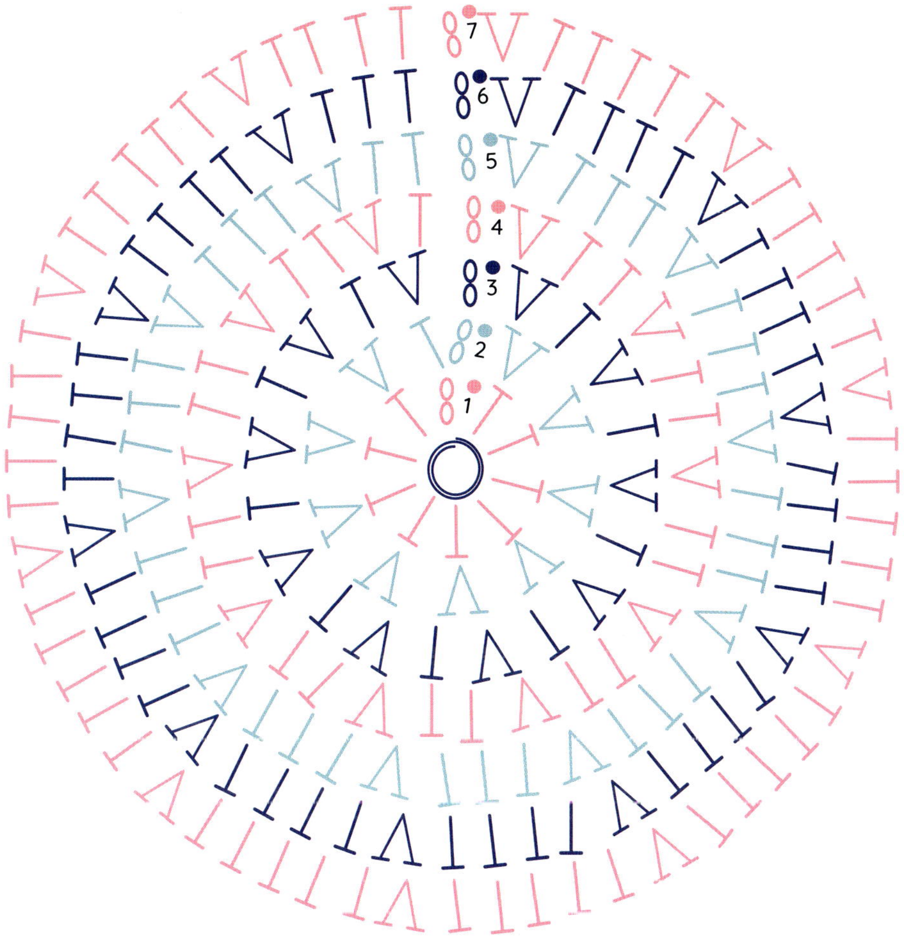

Diagram 18 speldenkussen

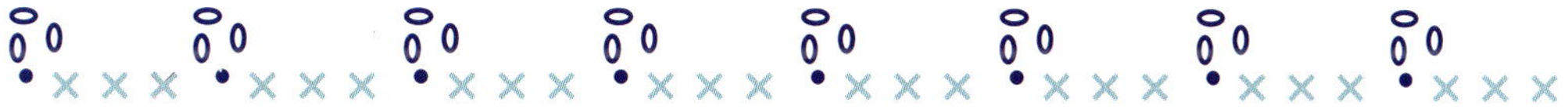

Diagram 19 picotrandje

Schattig

SCHAARMAPJE

Maak je naaiset compleet met dit schaarmapje.
Ook handig voor onderweg.

WAT HEB JE NODIG?

- **15 gram Scheepjes Stone Washed** in elk van de volgende kleuren: **820 Rose Quartz**
  819 New Jade
  801 Moon Stone
- **Haaknaald: 3,5**
- **Stompe naald** voor het afwerken van de draadjes

WERKWIJZE

Voor het schaarmapje haak je 2x dezelfde vorm.

Opzetten: haak met haaknaald 3,5 en kleur 820 een ketting van 14 lossen.

TOER 1 - haak nog 1 keerlosse, haak de hele toer vasten.

TOER 2 T/M 11 - 1 keerlosse, haak de hele toer vasten.

TOER 12 T/M 23 - 1 keerlosse, haak de hele toer vasten, maar sla de laatste steek van de vorige toer over. Dit blijf je herhalen tot er in toer 23 nog maar 2 steken over zijn. Kijk hierbij ook goed naar diagram 20.

AFWERKING

MINIBLOEMETJE

Begin: maak een Magic Loop met kleur 819.

TOER 1 - haak in de Magic Loop: 1 vaste, *2 lossen, 2 stokjes, 2 lossen, 1 vaste, dit is het eerste blaadje. Herhaal vanaf * nog 4 keer. Sluit het laatste blaadje met 1 halve vaste in de 1e vaste in

Geniet van de kleine dingen

plaats van 1 vaste. Kijk ook naar diagram 5 minibloemetje.

Trek de Magic Loop nu aan en hecht de draad af.

Werk het bloemetje af met een Frans knoopje met kleur 801. Kijk voor de uitleg van het Franse knoopje op pagina 16.

Zet vervolgens het minibloemetje met naaigaren vast op het schaarhoesje voor je deze verder in elkaar zet.

In elkaar zetten van het schaarmapje

Leg de 2 delen van het schaarmapje met de verkeerde kanten op elkaar. Haak ze aan elkaar vast met vasten en kleur 820. Werk de bovenkant af met 1 toer vasten en kleur 819.

Haak daar vervolgens nog een picotrandje op met kleur 801. Kijk voor de uitleg van het picotrandje op pagina 17.

Werk alle draadjes met de stompe naald weg.

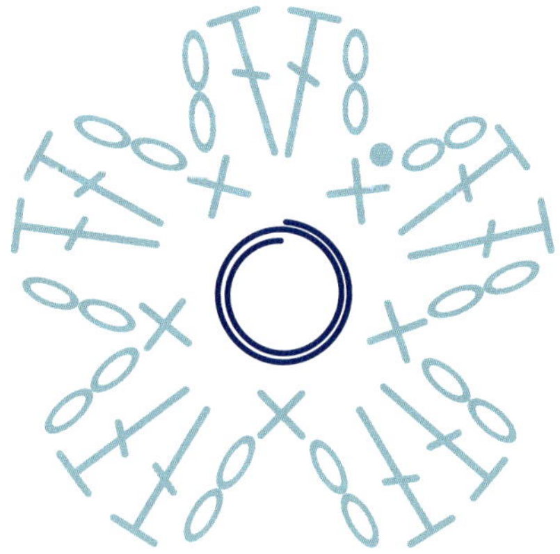

Diagram 5 minibloemetje

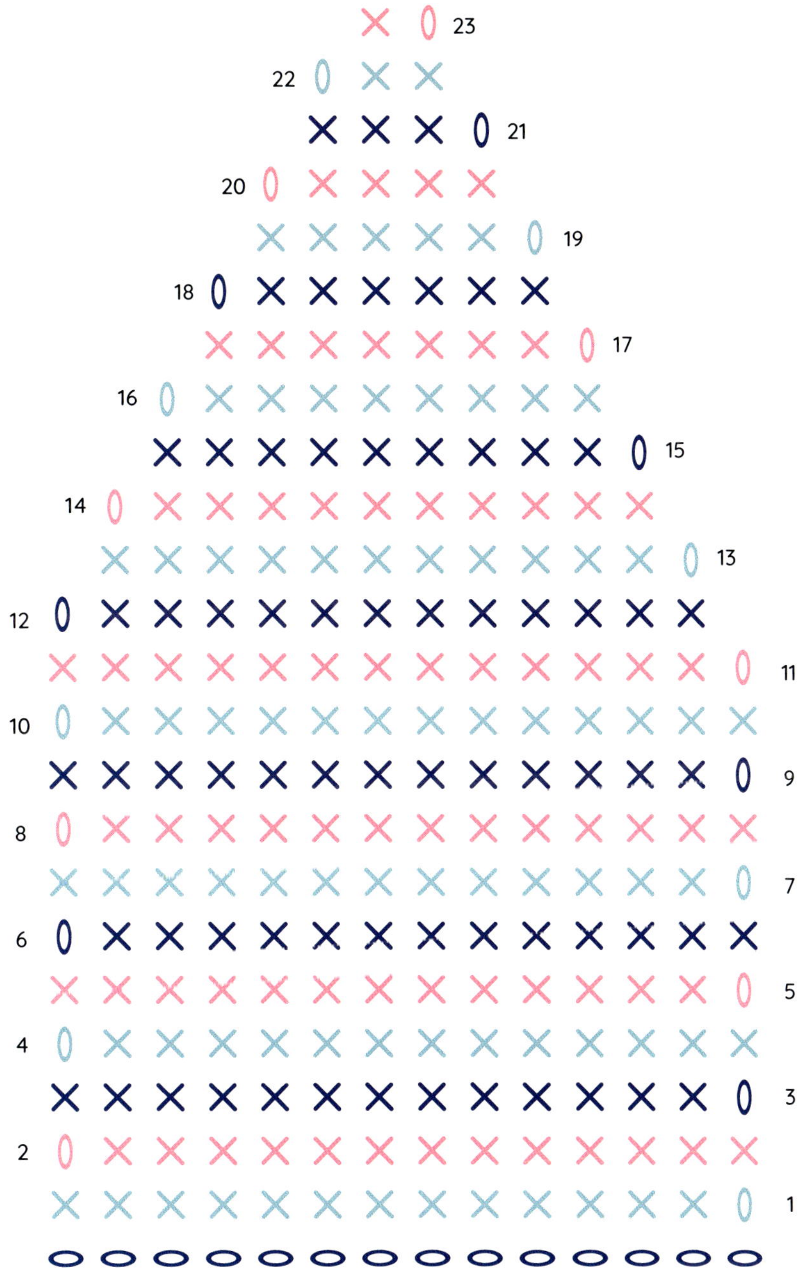

Diagram 20 schaarmapje

Linnen DEKEN

Linnen is het garen voor de zomer,
deze prachtige uitstraling blijft bijzonder.

WAT HEB JE NODIG?

- **Scheepjes Linen Soft: 5 bollen** in elk van de volgende kleuren:
  622 groen
  628 roze
  629 lichtblauw
- **7 bollen** in de kleur **620 beige**
- **9 bollen** in de kleur **630 wit**
- **Haaknaald: 3,5** en **4**
- **Stompe naald** voor het afwerken van de draadjes

MAAT DEKEN: 120x160 cm

AANTAL STEKEN: deelbaar door 2

WERKWIJZE

Opzetten: haak met haaknaald 4 en kleur 622 een ketting van 210 lossen.

TOER 1 - ga verder met haaknaald 3,5 en haak nog 2 keerlossen. Samen met de laatste steek van de lossenketting is dit het 1e stokje van de toer. Haak 1 stokje in de 4e losse vanaf de haaknaald, haak de hele toer stokjes. Aan het eind van deze toer heb je dan 210 stokjes.

TOER 2 - haak met wit de tussentoer volgens diagram 21: 1 keerlosse, 1 vaste in het laatste stokje van vorige toer. *3 lossen, 3 steken overslaan, 1 vaste tussen de stokjes, herhaal vanaf * tot einde toer, eindig met de laatste vaste op het laatste stokje van de vorige toer.

TOER 3 - wissel naar kleur 628, haak 3 keerlossen, *3 stokjes in de open ruimte van de vorige toer, herhaal vanaf * tot einde toer, eindig met 1 stokje tussen de laatste vaste en de keerlosse van de vorige toer. Kijk ook naar diagram 21.

Herhaal toer 2 en 3 tot een totale lengte van 160 cm, maar let op de volgorde van de kleur voor toer 3. Eindig met een toer stokjes.

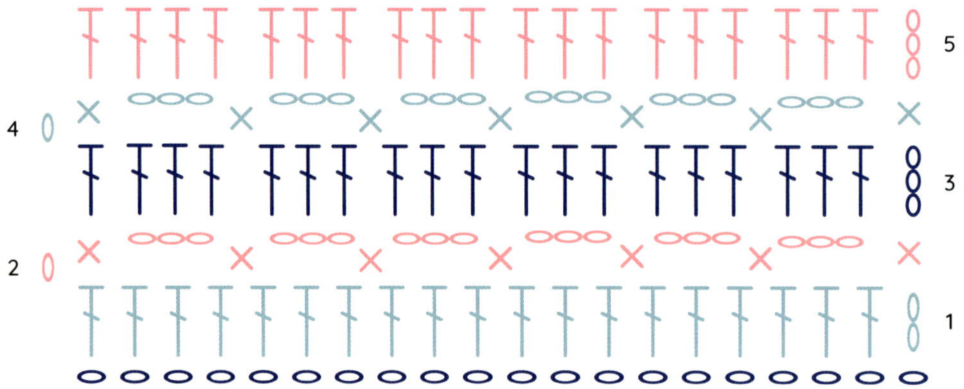

Diagram 21 linnen deken

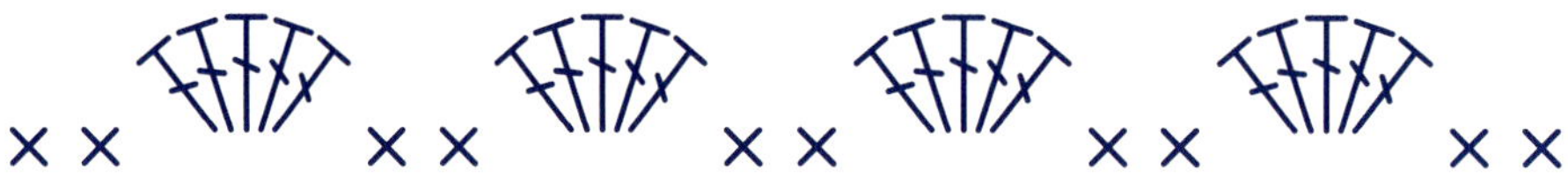

Diagram 22 schulprand met dubbele vasten

Volgorde van de kleuren voor toer 3:
*622 groen
628 roze
620 beige
629 lichtblauw
622 groen
620 beige
628 roze
629 lichtblauw
620 beige

Herhaal vanaf * tot de gewenste lengte.

AFWERKING

Werk alle draadjes met de stompe naald weg.

Haak rondom de deken een schulprand met kleur 630 wit. Deze schulprand haak je direct op de deken, dus zonder de toer met vasten en lossen. Haak in plaats van 1 vaste steeds 2 vasten tussen de schulpen, kijk ook naar diagram 22.

Linnen KUSSENS

Geheel in de stijl van de linnen deken. En je kunt eindeloos variëren met kleuren in combinatie met wit.

WAT HEB JE NODIG?

- **Scheepjes Linen Soft: 7 bollen** in een kleur naar keuze of in dezelfde kleuren als de linnen deken:
  622 groen
  628 roze
  629 lichtblauw
  620 beige
- **2 bollen** in de kleur **630 wit**
- **Haaknaald: 3,5** en **4**
- **Vulkussen** van 45x45 cm
- **3 houten knopen** voor de sluiting
- **Stompe naald** voor het afwerken van de draadjes

MAAT: 45x45 cm

AANTAL STEKEN: deelbaar door 2

VOORKANT

Opzetten: haak met haaknaald 4 en de gewenste kleur een ketting van 80 lossen.

TOER 1 - ga verder met haaknaald 3,5 en haak nog 2 keerlossen. Samen met de laatste steek van de lossenketting is dit het 1e stokje van de toer. Haak 1 stokje in de 4e losse vanaf de haaknaald, haak de hele toer stokjes. Aan het eind van deze toer heb je dan 80 stokjes.

TOER 2 - haak met wit de tussentoer volgens diagram 21 op pagina 96: 1 keerlosse, 1 vaste in het laatste stokje van vorige toer, *3 lossen, 3 steken overslaan, 1 vaste tussen de stokjes, herhaal vanaf * tot einde toer, eindig met de laatste vaste op het laatste stokje van de vorige toer.

TOER 3 - wissel naar de kleur van toer 1, haak 3 keerlossen, *3 stokjes in de open ruimte van de vorige toer, herhaal vanaf * tot einde toer, eindig met 1 stokje tussen de laatste vaste en de keerlosse van de vorige toer. Kijk ook naar diagram 21.

Herhaal toer 2 en 3 tot een totale lengte van 45 cm. Eindig met een toer stokjes.
Je kunt ook een kussen haken in dezelfde kleuren en volgorde als de linnen deken. Kijk bij die beschrijving voor de volgorde van de kleuren.

ACHTERKANT

Haak deze op dezelfde manier als de voorkant, maar maak nu 2 lappen waarvan 1 lap met een hoogte van 22 cm en 1 lap met een hoogte van 28 cm. Eindig beide lappen met een toer stokjes. Deze lappen overlappen elkaar aan de achterkant, waarna ze met knopen worden gesloten.

AFWERKING

Werk alle draadjes met de stompe naald weg.

Leg de kussendelen met de goede kanten naar buiten op elkaar, waarbij de achterlappen over elkaar heen vallen.
Haak alle delen aan elkaar door de schulprand eromheen te haken. Haak de schulprand met kleur 630 wit als volgt.

TOER 1 - haak 1 vaste, *2 lossen, sla 2 steken over, 1 vaste, herhaal vanaf * tot einde toer.
Eindig de toer met 1 halve vaste in de 1e vaste.

TOER 2 - haak in elke open ruimte afwisselend 2 vasten en een schulpje van 5 stokjes.
Kijk ook naar diagram 22 bij de linnen deken op pagina 96.

Zet de 3 houten knopen op de onderliggende lap van de achterkant. Plaats het vulkussen in de hoes en sluit het kussen met de knopen.

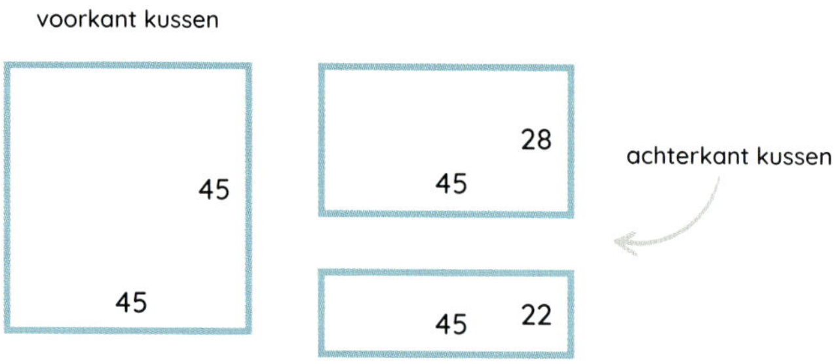

Overzichtstekening linnen kussen

The biggest adventure you can take is to live the life of your dreams

Chuncky
SJAAL

Voor de koelere dagen in de zomer, een heerlijke stoere sjaal voor op een shirt of een spijkerjack.

WAT HEB JE NODIG?

- **5 bollen Scheepjes Softfun Denim** in de kleur:
  503 (fuchsia) of
  500 (aqua)
- **1 bol Scheepjes Softfun** in de kleuren (= accentkleuren):
  - **2496 (zachtgeel)** en
  2615 (mint) of
  - **2495 (fuchsia)** en
  2513 (lichtroze)
- **Haaknaald: 4,5** en **4**
- **Stompe naald** voor het afwerken van de draadjes

MAAT: 4 tot 40 cm breed en 220 cm lang

AANTAL STEKEN: deelbaar door 2

WERKWIJZE

Opzetten: haak met haaknaald 4,5 en de gewenste kleur Softfun Denim een ketting van 6 lossen.

TOER 1 - haak nog 3 keerlossen. Samen met de laatste steek van de lossenketting is dit het 1e stokje van de toer. Haak 1 stokje in de 5e losse vanaf de haaknaald, haak de hele toer stokjes. Aan het eind van deze toer heb je dan 6 stokjes.

TOER 2 - haak 3 keerlossen en 1 losse, 1 stokje in elk van de volgende 2 steken, 1 losse, sla 1 steek over, 1 stokje op het volgende stokje, 1 stokje op de 3e keerlosse van de vorige toer.
Kijk ook voor het insteken in welke steek goed naar diagram 27.

TOER 3 - haak 3 keerlossen, 1 stokje in dezelfde steek, 1 losse, 1 steek overslaan, 2 stokjes in de ruimte van de vorige toer, 1 losse, 2 steken over-slaan, 2 stokjes in de ruimte van de vorige toer.

TOER 4 - haak 4 lossen, 2 stokjes in de ruimte van de vorige toer, 1 losse, 2 steken overslaan, 2 stokjes in de ruimte van de vorige toer, 1 losse, 1 stokje op de 3e keerlosse van de vorige toer.

Haak verder volgens diagram 27 en blijf meerderen tot je een totale breedte van 40 cm hebt, dit is het midden van de sjaal. Eindig met een 'toer 6'.

Als je naar diagram 27 kijkt dan kun je zien dat de meerderingen zich steeds herhalen zoals bij toer 4-6-7-8.

Na 40 cm breedte ga je weer minderen tot je 6 stokjes overhoudt. Hiervoor gebruik je diagram 28. Ook hier herhalen de minderingen zich weer in een set van 4 toeren.

AFWERKING

Haak rondom de sjaal met haaknaald 4 en 2 accentkleuren een rand als volgt.

TOER 1 - hecht aan en haak 1 vaste, *2 lossen, 1 vaste, herhaal vanaf * tot einde toer. Sluit de toer met 1 halve vaste in de 1e vaste.

TOER 2 - wissel naar de 2e accentkleur en haak een picotrandje: *haak 2 vasten in de open ruimte, 3 lossen en 1 halve vaste in de 3e losse vanaf de haaknaald, herhaal vanaf * tot einde toer. Sluit de toer met 1 halve vaste in de 1e vaste. Kijk ook naar diagram 19 op pagina 89, maak haak 2 vasten in plaats van 3 vasten.

Werk alle draadjes met de stompe naald weg.

Diagram 27 chuncky sjaal meerderingen

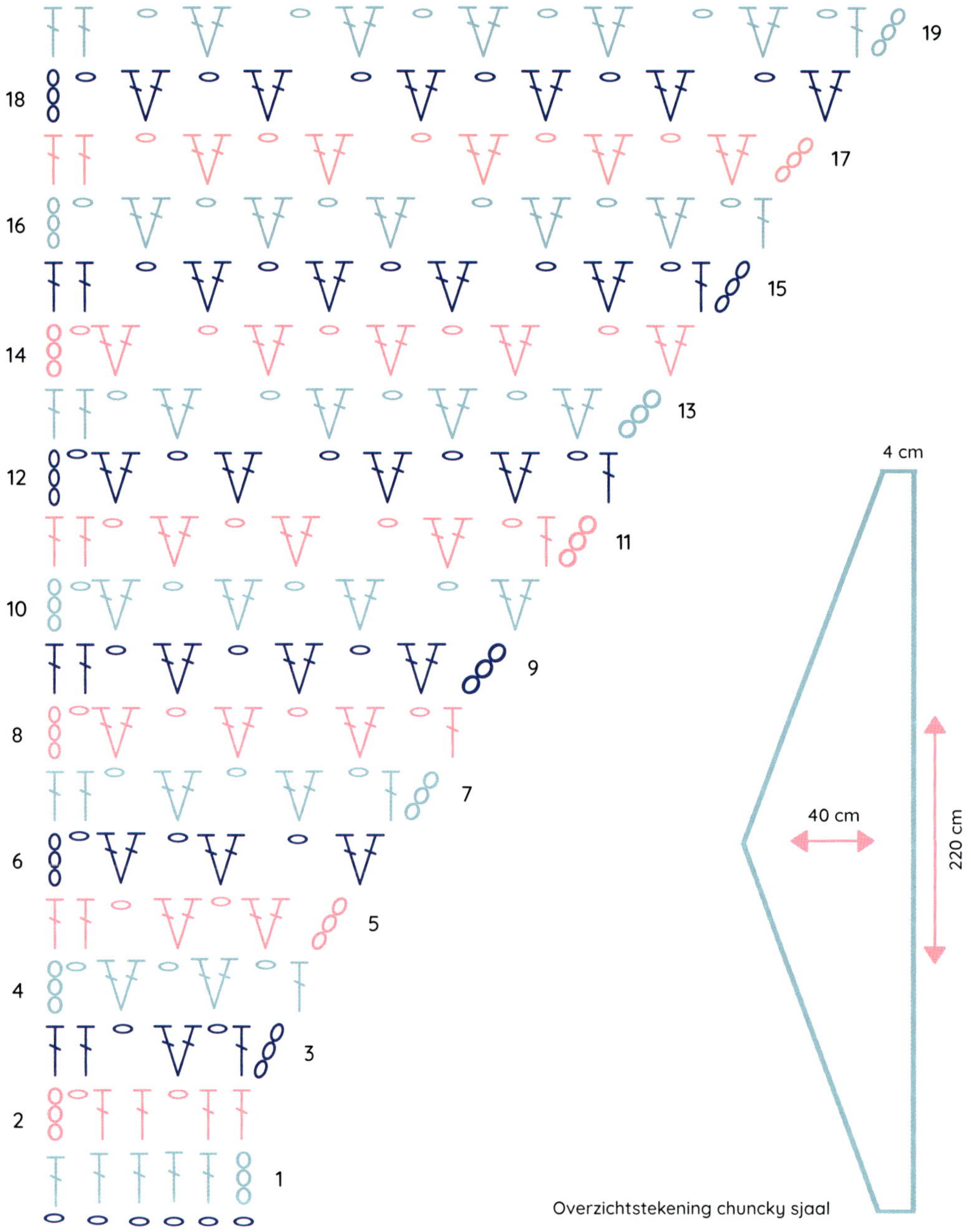

Overzichtstekening chuncky sjaal

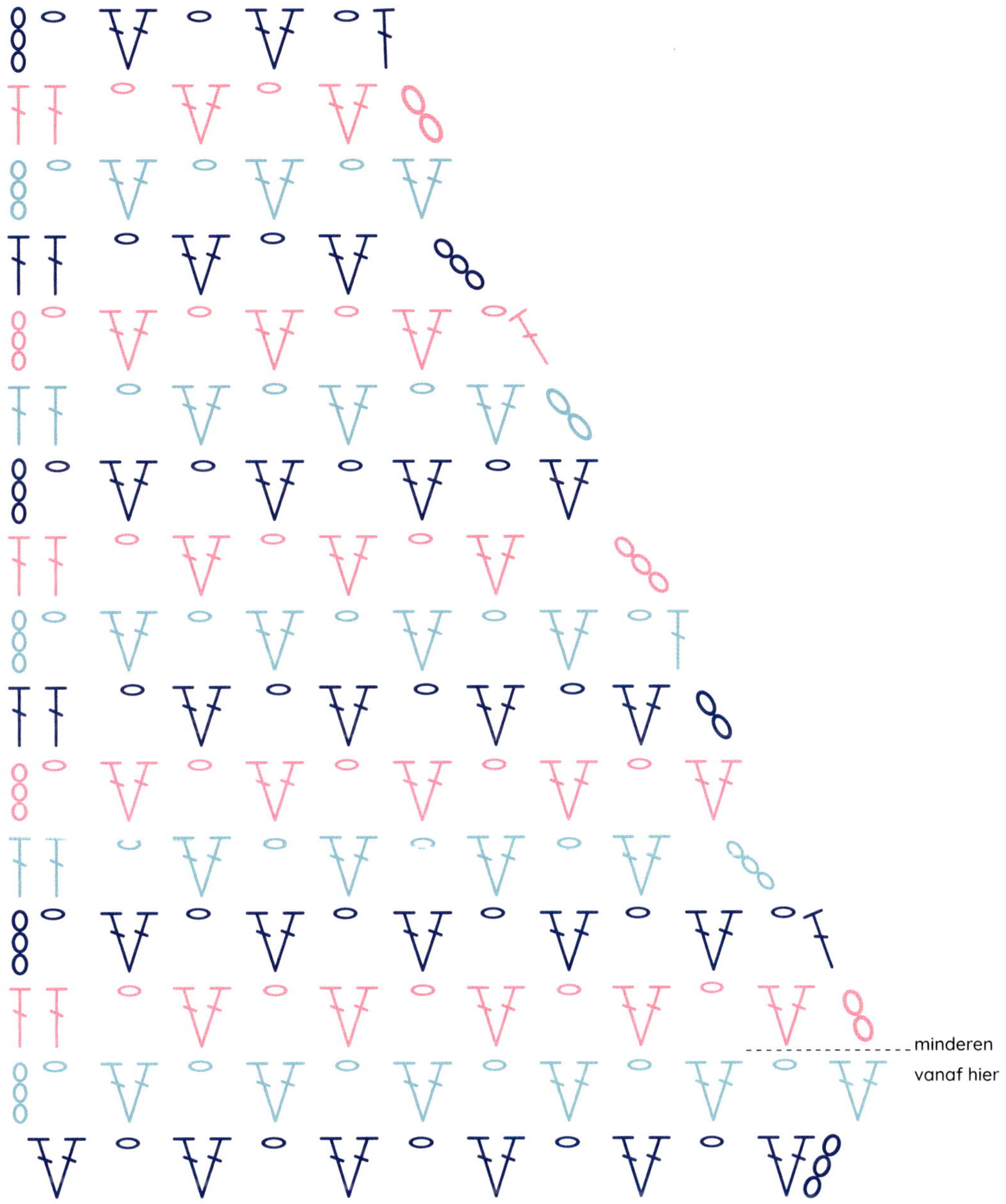

Diagram 28 chuncky sjaal minderingen

Wendy's
Home Collection

Navy en bloem
MINITASJE

Maak je look helemaal af met een bijpassend tasje. Dit basispatroon is heel gemakkelijk aan iedere stijl aan te passen.

WAT HEB JE NODIG?

TASJE NAVY:

- **1 bol Scheepjes Softfun** in elk van de volgende kleuren:
  2401 (donkerblauw)
  2426 (crème)

TASJE BLOEM:

- **1 bol Scheepjes Softfun** in elk van de volgende kleuren:
  2495 (fuchsia)
  2496 (zachtgeel)
  2513 (lichtroze)
  2613 (lichtblauw)
  2615 (mint)

VOOR BEIDE TASJES:

- **Haaknaald: 3,5** en **4**
- **1 houten knoop** voor de sluiting
- **Leren labels** naar keuze voor versiering
- **Stompe naald** voor het afwerken van de draadjes

MAAT TASJE: 18 cm breed en 20 cm hoog

AANTAL STEKEN: deelbaar door 2

WERKWIJZE

Opzetten: haak met haaknaald 4 en de gewenste kleur een ketting van 30 lossen.

TOER 1 - ga verder met haaknaald 3,5 en haak nog 1 keerlosse. Haak de hele toer vasten, is totaal 30 vasten.

Haak verder elke toer vasten tot een totale hoogte van 40 cm.
Gebruik iedere kleur steeds 2 toeren voor het streeppatroon. Kijk ook naar de foto's.

VOORFLAP

Vanaf de lengte van 40 cm haak je verder met de hoofdkleur van je tasje. En je gaat aan beide kanten minderen volgens diagram 25 als volgt.
Haak in elke toer de laatste steek niet. Als er nog 12 vasten zijn haak je in de volgende toer een knoopsgat als volgt: 1 keerlosse, 3 vasten, 3 lossen, 4 vasten.
Haak in de volgende toer op de lossen weer een vaste. Minder tot er nog 7 vasten in de laatste toer worden gehaakt.
Wil je er geen knoopsgat in hebben, haak dan gewoon verder met vasten.
Je kunt voor een andere sluiting een lus van lossen onder aan de voorflap haken. Met een knoop erbij kun je het tasje sluiten (zie foto tasje bloem).

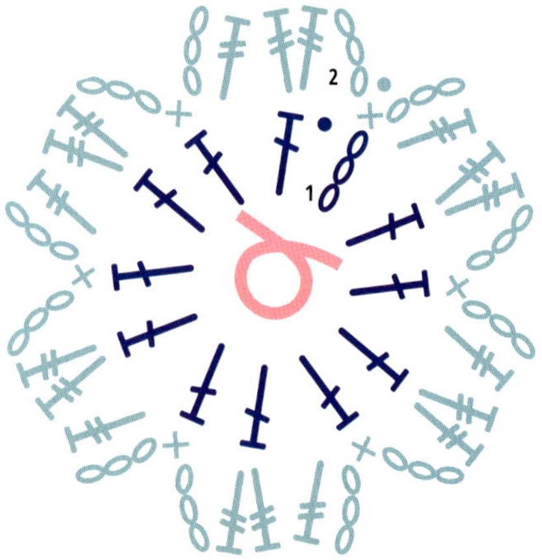

Diagram 17 bloem

Overzichtstekening minitasje

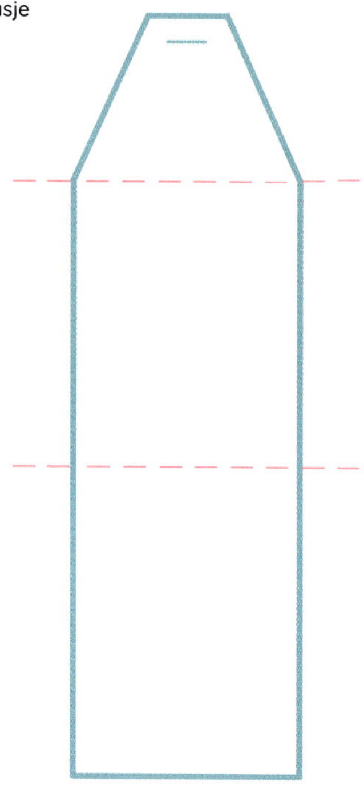

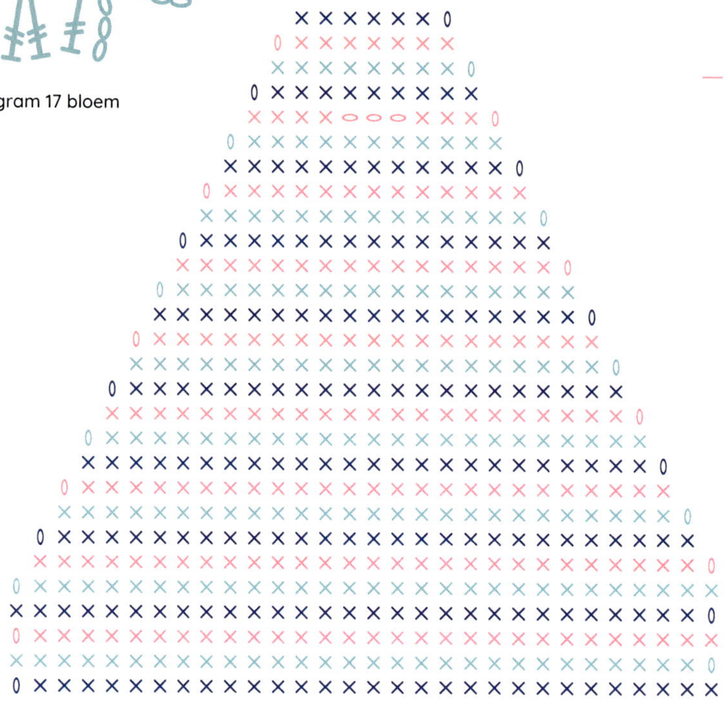

Diagram 25 minitasje minderingen voorflap

Schouderband: haak met naald 4 en de gewenste kleur een ketting van lossen van 140 cm. Haak vervolgens 3 toeren vasten en hecht af, wissel na iedere toer van kleur.

AFWERKING

Vouw de basis van de tas dicht met de zijkanten en de goede kant op elkaar, zie de overzichtstekening tasje (de stippellijnen zijn de vouwen). Haak de beide zijkanten dicht met vasten. Keer de tas weer terug naar de goede kant.

Haak een rand met picootjes rondom de flap van de tas. Kijk voor de uitleg op pagina 17. Zet met het Softfun-garen en de stompe naald de schouderband op de beide zijnaden aan de binnenkant van het tasje vast. Naai de knoop op het tasje.

Werk alle draadjes met de stompe naald weg. Versier het tasje met bijvoorbeeld een gehaakt bloemetje (zie diagram bloem), leuke hangertjes en labels naar je eigen smaak.

Wendy's

Glitter VLAGGENLIJN

Een vrolijke vlaggenlijn voor een zomers feestje. Laat de zon maar schijnen op het mooie glittergaren.

WAT HEB JE NODIG?

- **1 bol Scheepjes Softfun** in elk van de volgende kleuren:
  2513 (lichtroze)
  2603 (aqua)
- **1 bol Scheepjes Twinkle** in elk van de volgende kleuren:
  921 (lichtaqua)
  925 (zachtroze)
  934 (fuchsia)
  937 (zalm)
- **Haaknaald: 3,5** en **4**
- **Stompe naald** voor het afwerken van de draadjes

WERKWIJZE

Opzetten: haak met haaknaald 4 en de gewenste kleur Softfun-garen een ketting van 23 lossen.

TOER 1 - ga verder met haaknaald 3,5 en haak nog 2 keerlossen. Samen met de laatste steek van de lossenketting is dit het 1e halve stokje van de toer. Haak 1 half stokje in de 4e losse vanaf de haaknaald, haak de hele toer halve stokjes. Aan het eind van deze toer heb je dan 23 halve stokjes.

TOER 2 - wissel naar Twinkle-garen (volgorde van de kleuren staat op de volgende pagina) en haak 3 keerlossen, 1 stokje in de volgende steek, *1 losse, 1 steek overslaan, 1 stokje in elk van de volgende 2 steken, herhaal vanaf * tot einde toer.

TOER 3 - wissel terug naar het Softfun-garen en haak 2 keerlossen. Haak verder de hele toer halve stokjes.

TOER 4 T/M 13 - herhaal de toeren 2 en 3. Kijk ook naar diagram 26.

Haak op deze manier 5 vlaggen met kleur 2513 als basis en 5 vlaggen met kleur 2603 als basis.

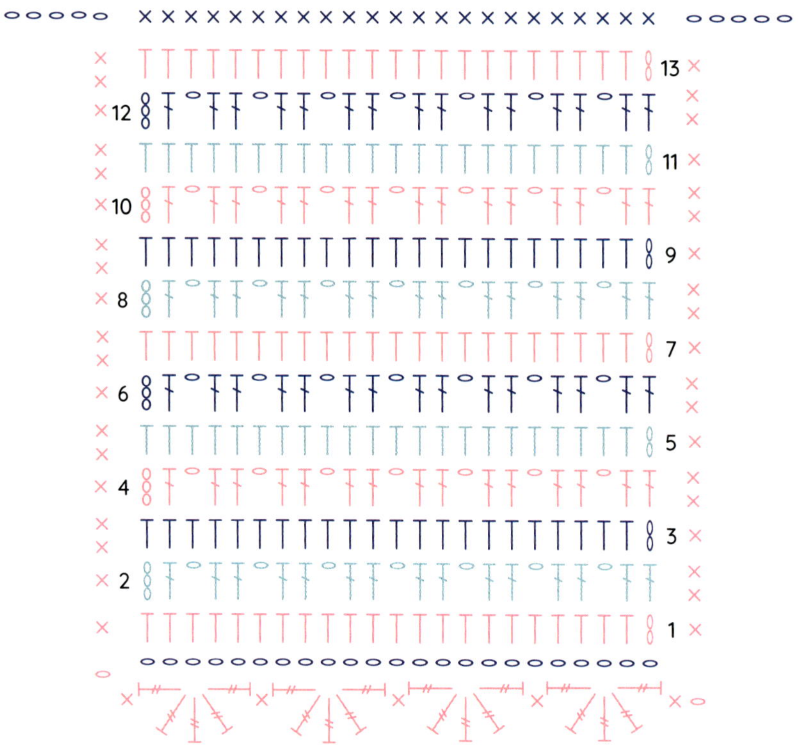

Diagram 26 glitter vlaggenlijn

Volgorde van de kleuren:

Roze vlaggetje

TOER 1 - Softfun 2513
TOER 2 - Twinkle 921
TOER 3 - Softfun 2513
TOER 4 - Twinkle 934
TOER 5 - Softfun 2513
TOER 6 - Twinkle 937
TOER 7 - Softfun 2513
TOER 8 - Twinkle 921
TOER 9 - Softfun 2513
TOER 10 - Twinkle 934
TOER 11 - Softfun 2513
TOER 12 - Twinkle 937
TOER 13 - Softfun 2513

Aqua vlaggetje

TOER 1 - Softfun 2603
TOER 2 - Twinkle 937
TOER 3 - Softfun 2603
TOER 4 - Twinkle 934
TOER 5 - Softfun 2603
TOER 6 - Twinkle 925
TOER 7 - Softfun 2603
TOER 8 - Twinkle 934
TOER 9 - Softfun 2603
TOER 10 - Twinkle 937
TOER 11 - Softfun 2603
TOER 12 - Twinkle 925
TOER 13 - Softfun 2603

AFWERKING

Haak om ieder vlaggetje met dezelfde basiskleur een rand van vasten aan de zijkanten en een kleine schulprand aan de onderkant als volgt. Hecht aan in de linkerbovenhoek en haak aan de zijkant 1 vaste om een half stokje en 2 vasten om de 3 keerlossen tot onderaan, haak op de hoek 1 losse.
Vervolg de rand aan de onderkant met 1 vaste in de 1e losse van de lossenketting, *5 stokjes in de 3e losse, sla 2 lossen over, 1 vaste in de volgende losse, sla 2 lossen over, herhaal vanaf * nog 2 keer, eindig met 5 stokjes in de volgende losse, sla 1 losse over, 1 vaste in de laatste losse.
Haak op de hoek 1 losse en haak verder langs de tweede zijkant: 1 vaste om de 2 keerlossen en 2 vasten om een stokje. Hecht af.
Kijk ook naar diagram 26.

Werk alle draadjes met de stompe naald weg.

In elkaar zetten van de vlaggenlijn

TOER 1 - haak met haaknaald 3,5 en Twinkle 934 een ketting van 20 lossen, haak vervolgens met vasten het eerste vlaggetje vast, haak dan weer 10 lossen en het volgende vlaggetje, wissel hierbij de roze en aqua vlaggetjes. Haak na het laatste vlaggetje weer 20 lossen.

TOER 2 - 1 keerlosse en haak de hele toer vasten.

56

DANKWOORD

Dit boek zou er niet zijn geweest zonder de steun, het vertrouwen en de praktische hulp van heel veel lieve mensen. Ik wil ze hieronder graag in willekeurige volgorde bedanken.

Scheepjeswol/Uitgeverij Scheepjes
Job de Bondt en Lineke Vrieling, heel veel dank dat ook dit tweede boek er weer mocht komen. Heerlijk om samen te werken met een echt 'familie'-bedrijf.

Mijn team van Super Haaksters
Corinne van Hoorn, Anneke Bosch, Ellen van den Barg, Anouk Brouwer, Monique van der Vegt, Wendy Bianchi, Simone Leenders, Vivienne Scheltema, Marianne van Dijk, Rianne den Biggelaar, Esselien Noten en Fia van Wijk-van Ballegooijen.
Ook bij dit boek stonden jullie weer allemaal klaar met haaknaald en veel enthousiasme, geweldig!

Groothandel de Bondt
Dank voor de meer dan gulle sponsoring van alle gebruikte garens en nog veel meer.
Het blijft een feest om met jullie samen te werken.

Wendy de Boer
Een vormgever naar mijn hart.

De Haakfabriek.nl
Chantel van den Noort, bedankt voor het ter beschikking stellen van de leren labels voor de handige haakmand en de prachtige tashengels voor de boodschappentasjes.

Ozizo
Viviene Scheltema, dank je voor het ter beschikking stellen van de mooie houten knopen met mijn naam erop. En natuurlijk voor al je steun op de achtergrond in het creatieve proces ;-) en voor de vertaling van het eerste boek naar het Engels.

Het thuisfront

Het was wederom een jaar vol bollen wol voor mijn thuisfront, zo heerlijk dat het gewoon kan.

Mijn grote dank gaat uit naar mijn lieve man Ronald, dank voor je onvoorwaardelijke steun in alles wat ik onderneem. En ook dank dat je soms op de rem trapt en ervoor zorgt dat ik de broodnodige ontspanning pak.

Charlotte, lieve dochter en stille kracht achter de schermen. En inmiddels ook een bekend gezicht voor de vele haaksters. Samen hebben we afgelopen jaar ruim 6000 km gereden naar alle haakworkshops in Nederland en België. Altijd weer een feestje met jou samen.

Nog een stille kracht achter de schermen is mijn moeder! Dank dat je altijd weer even checkt of ik wel goed voor mezelf zorg en dat je altijd klaarstaat om te juichen als er weer een nieuwe mijlpaal in het haakbedrijf wordt behaald. Heel veel dank voor jouw onvoorwaardelijke steun dit afgelopen jaar

Liefs, *Wendy*
xxx

Eerder uitgekomen in deze serie:
The Spring Collection,
ISBN 9789491840241

Social Media
Wil je van alles op de hoogte blijven?
www.wendyshomecollection.com

Wil je lid worden van onze gezellige online-haakgroep?
www.facebook.com/groups/Wendyshomecollectionhaakgroep/

Je kunt me ook volgen op Facebook en Instagram
www.facebook.com/wendyshomecollection/
www.instagram.com/wendyshomecollection/

YouTube: Wendy's Home Collection